ASTRONOMIE
NAUTIQUE:
OU
E'LE'MENS
D'ASTRONOMIE,

Tant pour un Observatoire fixe, que pour un Observatoire mobile.

Par M. DE MAUPERTUIS.

Præceps, aerii specula de montis, in undas
Deferar.

Virgil. Eclog. VIII.

A PARIS,
DE L'IMPRIMERIE ROYALE.

M. DCCXLIII.

PRÉFACE.

TOut l'Art du Navigateur confiste à pouvoir connoître à chaque inftant le point de la furface de la Mer où il eft ; & l'on peut réduire fous deux genres tous les moyens qu'il a pour cela : on peut appeller *Moyens Géographiques*, ceux qui confiftent dans la direction & la longueur de la route : les autres, que j'appellerai *Moyens Aftronomiques*, comprennent tous ceux qu'on peut tirer de l'obfervation des Aftres.

Malgré cette divifion, on ne doit pas regarder ces différens moyens comme abfolument indépendans les uns des autres. Ceux que l'Aftronomie fournit, dépendent à la vérité

fort peu des moyens géographiques :
mais ces derniers ne sçauroient atteindre à leur perfection sans le secours
de l'Astronomie. La direction de la
route indiquée par la Boussole, n'est
pas toûjours la véritable direction :
cette Aiguille admirable qui montre
le Nord au Navigateur, ne le lui
montre pas constamment ni exactement : l'observation des Astres le fait
appercevoir de ses variations, & le
met à portée d'y remédier. Dès qu'il
a perdu de vûe les Terres, qu'il ne
voit plus que le Ciel & la Mer, les
Astres sont les seuls flambeaux qui
puissent le conduire avec sûreté.

Si l'on fait l'énumération de tous
les moyens qu'on a, ou qu'il semble
qu'on ait, pour trouver le point du
Globe où l'on est, & qu'on considère

le Problème spéculativement ; on croira qu'il y a plus de choses données qu'il n'est nécessaire pour le résoudre, & qu'il est un de ces Problèmes que les Géomètres appellent *plus que déterminés :* mais si l'on considère que la plûpart de ces moyens ne sont donnés qu'assés imparfaitement, & que chacun a besoin d'être corrigé ou confirmé par les autres, on verra que tous réunis ensemble, suffisent à peine.

On ne sçauroit donc trop s'appliquer à perfectionner chacun des moyens. Ce seroit un grand avantage si les uns n'étoient jamais nécessaires que lorsque les circonstances empêcheroient de se servir des autres : ou si au lieu des corrections que ces différens moyens se procurent, ils ne fervoient jamais qu'à fe confirmer.

Dans mes *Élémens de Géographie,* & dans les Mémoires de l'Académie*, j'ai expofé les Moyens Géographiques; ceux qui dépendent de la grandeur des Degrés de la Terre, de la direction de la route, & de la longueur des Arcs que le Vaiffeau trace fur la furface de la Mer.

Les Moyens Aftronomiques fe réduifent à deux principaux : l'un eft *la Latitude ;* l'autre, *la Longitude.*

J'ai expliqué dans le *Difcours fur la Parallaxe de la Lune,* l'ufage qu'on peut faire de cet Aftre pour connoître la Longitude fur Mer ; & comme cette méthode m'a paru celle qui jufqu'ici eft le plus à notre portée, je me fuis attaché à la perfectionner.

* *Mémoires de l'Acad. année 1742.*

Je viens maintenant à la Latitude;
à ce point principal de l'Art du Pilote, qui lui fait connoître à quelle
diftance il eft de l'E'quateur.

Lorfque j'ai commencé cette partie de la Navigation, je n'ai pas prévû
toute l'étendue qu'elle devoit avoir.
En effet, fi je ne deftinois ce que j'ai
à dire fur la Latitude que pour l'ufage
ordinaire des gens de Mer, l'ouvrage
ne feroit pas long. La hauteur méri-
dienne du Soleil, ou de quelqu'E'toile,
dont la déclinaifon foit connue, leur
fuffit pour déterminer cette Latitude:
& ils font fi bornés à cette méthode,
que fi quelque nuage les empêche de
voir le Soleil ou l'E'toile au moment
de leur paffage par le Méridien, ils
ne connoiffent guère d'autre moyen
aftronomique pour y fuppléer.

a iiij

Mais quand j'ai voulu parcourir
toutes les reſſources que le Navigateur peut tirer de l'obſervation des
Aſtres, j'ai trouvé tant de choſes utiles
ou curieuſes, que j'ai vû que l'ouvrage
méritoit beaucoup plus d'étendue
que je n'avois penſé : j'ai vû que
quoique l'Aſtronomie ordinaire des
gens de Mer fût fort bornée, une
ſcience beaucoup plus vaſte leur ſeroit utile : que quoique leurs obſervations fuſſent aſſés ſimples, on pouvoit leur en enſeigner de plus ſimples
encore : enfin j'ai trouvé des méthodes qui ne ſuppoſent ni adreſſe,
ni même preſque d'Inſtrumens.

La recherche de tous les moyens
par leſquels on peut trouver la Latitude, m'a jetté dans une Théorie aſſés
étendue, & m'a conduit à un ouvrage

qu'on peut appeller *Des E'lémens d'Astronomie, tant pour un Observatoire fixe, que pour un Observatoire mobile.*

En effet, on peut confidérer le Navigateur comme un Aftronome: qui ne diffère de l'Aftronome ordinaire; qu'en ce que celui-ci fait fes obfervations dans un lieu fixe, & que celui-là fait les fiennes dans un Obfervatoire entraîné par les vents, & continuellement agité. Et fi la précifion qu'on exige de celui qui fe trouve dans toutes les circonftances favorables, rend fon art difficile; on peut dire que le défaut de ces circonftances rend l'art de l'autre plus difficile encore, & l'oblige d'avoir recours à des méthodes plus fubtiles.

Il est vrai qu'on n'exige pas de l'*Astronome Navigateur* le même degré de précision qu'on exige de l'*Astronome sédentaire*. Celui-ci appliqué à perfectionner l'Astronomie, ne doit négliger aucun des moyens qui peuvent donner ou augmenter la précision, quelque pénibles qu'ils puissent être : celui-là, content de bien diriger sa route, doit souvent faire céder une précision scrupuleuse à la facilité & à la commodité de ses opérations. Une quantité de quelques secondes est importante pour l'Astronome : le Pilote peut impunément négliger quelques minutes : c'est au Géomètre à calculer les cas où cette précision est nécessaire, & ceux où l'on peut user de cette licence. Enfin quelquefois le Navigateur seroit heureux de connoître fa Latitude d'une maniére encore moins exacte.

J'ai eu tous ces cas en vûe dans les 40 Problèmes qui compofent l'ouvrage fuivant.

Dans les uns, je fuppofe l'Aftronome dans l'Obfervatoire le plus ftable, le plus commode, & le mieux muni d'Inftrumens : & je lui propofe des moyens pour perfectionner l'Aftronomie.

D'autres Problèmes font deftinés pour un Aftronome dont l'Obfervatoire feroit bien pourvû d'Inftrumens, mais continuellement agité ; & je lui propofe les moyens que cette agitation rend néceffaires, & laiffe poffibles.

Enfin on trouvera des Problèmes dans lefquels je ne fuppofe plus un

Aſtronome ; mais un Navigateur ſans
ſcience, ſans induſtrie, dénué d'Inſtrumens, tel qu'il peut ſe trouver
après un Naufrage : & je lui offre les
derniéres reſſources qu'un état auſſi
malheureux lui permet.

Ces différentes ſortes de Problèmes
ſembloient exiger qu'on les diſtinguât,
& qu'on en formât différentes parties
de l'ouvrage : mais ſi les uſages différens auxquels ils ſont deſtinés, exi-
geoient un tel ordre, la nature de la
choſe ne l'a point permis, & j'ai cru
devoir ſuivre la connexion que ces
Problèmes avoient les uns avec les
autres, plûtôt que de les aſſujettir
aux circonſtances où ſe peut trouver
celui qui s'en ſert.

On ne doit donc pas s'attendre à
trouver ici un ouvrage qui ſoit à la

portée de tous les Pilotes. J'ai voulu présenter l'Art dans toute son étendue : propoſer ce que les Aſtronomes pourroient entreprendre dans des Obſervatoires ſtables & commodes : ce que pourroient exécuter d'habiles Pilotes ſur leurs Vaiſſeaux : enfin ce qui reſteroit à faire pour les Navigateurs les plus bornés, & dans les occaſions les plus fâcheuſes.

Cet ouvrage eſt, comme on voit, fort différent de tous les Traités d'Aſtronomie qui ont paru juſqu'ici ; plus différent encore de tous les Traités de Navigation. Dans les uns on ne s'eſt attaché qu'aux méthodes qui ſuppoſent des Obſervatoires fixes ; & il s'en faut bien qu'on les ait toutes épuiſées : dans les autres on s'eſt contenté de donner quelques Problèmes aſtronomiques des plus ſimples. Et l'on a réduit ainſi l'Aſtronomie ordinaire à ne pouvoir guère être utile au Navigateur ; ou l'Aſtronomie du Navigateur à n'être qu'une petite partie de l'autre Aſtronomie.

On trouvera au contraire dans notre *Aſtronomie Nautique* une ſcience ſupérieure à l'Aſtronomie ordinaire. En effet, l'Aſtronomie qui s'exerce dans un Obſervatoire continuellement agité, & dont le lieu ſur le Globe de la Terre, change continuellement, eſt beaucoup plus difficile, & a beſoin d'une plus grande induſtrie que celle qui jouit du repos.

Je ne puis mieux faire ſentir la différence de ces deux Aſtronomies, que par la conſidération de quelques-

uns des Problèmes qu'on trouvera
dans l'ouvrage suivant.

De toutes les obfervations qu'on
peut faire fur Mer, la plus facile &
la plus exacte, c'eft celle du lever &
du coucher du Soleil. On n'a befoin
d'aucun Inftrument. Tout le monde
fçait que lorfque cet Aftre eft dans
l'horifon, l'épaiffeur de l'Atmofphère
interceptant une grande partie de fes
rayons, nous permet de voir fon
Difque fans avoir befoin d'armer
l'œil d'aucun Verre coloré, & fans
crainte d'en être éblouis. La ligne
qui termine l'horifon fenfible, eft fi
éloignée de l'Obfervateur par rapport
aux petites différences que l'agitation
des Flots caufe à la hauteur où il fe
trouve, qu'il peut prendre les momens où il obferve l'émerfion &

l'immerſion du Soleil dans l'horiſon, pour les mêmes qu'ils feroient ſi le Vaiſſeau reſtoit immobile.

Mais cette obſervation ſi ſimple & ſi ſûre, ſi l'on en veut faire l'uſage qui ſe préſente d'abord à l'eſprit pour trouver la Latitude, ſuppoſe qu'on ſçache l'heure à laquelle elle ſe fait : & l'on ne peut avoir l'heure ſur la Mer, que par des obſervations qui n'ont ni la même ſimplicité, ni la même exactitude.

J'ai donc cherché une méthode pour trouver la Latitude par les obſervations du lever & du coucher du Soleil, qui fût indépendante de l'heure vraie ; & dans laquelle on n'auroit à conſidérer que l'intervalle de tems écoulé entre ces obſervations ; intervalle qu'on peut connoître

par

par une simple Montre, qui n'a pas
besoin d'être réglée sur le Soleil,
pourvû seulement que son mouvement soit assés uniforme pendant 24
heures.

J'ai pensé que réduisant le Problème à des observations qu'on peut
faire dans un Vaisseau avec autant de
précision que dans un Observatoire
inébranlable, j'aurois une méthode
qui donneroit la Latitude sur Mer
aussi exactement qu'elle la pourroit
donner sur Terre.

Mais je ne puis dissimuler qu'en
réduisant le Problème à une si grande
simplicité pour l'Observateur, il de
vient difficile pour le Géomètre qui
le veut résoudre. Il semble qu'il y ait
dans la science que nous traitons, une
fatale compensation entre la simplicité

des opérations, & la difficulté des calculs.

Pour faire connoître cette difficulté, il faut donner une idée du Problème dans toute son étendue.

On sçait que pour tous les peuples de la Terre, chaque jour de l'année a sa durée particuliére : d'autant plus longue pour chacun pendant son été, & d'autant plus courte pendant son hiver, qu'il habite une région plus éloignée de l'Équateur. Il y a donc pour chaque lieu un jour qui est le plus long de tous les jours de l'année, & un jour qui est le plus court. Et le plus long jour est d'autant plus long, & le plus court est d'autant plus court, que le lieu est plus près du Pole : dès qu'on atteint le Cercle polaire, le plus long jour ne finit plus ; le Soleil au

Solſtice d'été ne ſe couche plus pour les habitans des Zones glacées ; il ne ſe lève plus pour eux lorſqu'il eſt au Solſtice d'hiver.

On peut donc par la durée du plus long jour, connoître la diſtance où l'on eſt du Pole, qui eſt le complément de la Latitude.

C'eſt ainſi que les anciens Géographes avoient déterminé les Latitudes de pluſieurs Villes des trois parties du Monde connues de leur tems. Et Ptolémée, qui nous a laiſſé ces Latitudes, préféroit cette méthode à toutes les autres.

Pluſieurs cauſes cependant rendoient ces déterminations peu exactes. Les Anciens ne connoiſſoient ni la Réfraction, ni la Parallaxe du Soleil, ni aſſés exactement l'Obliquité de l'Ecliptique ; & ils n'avoient point de mesure du tems assés précise.

Ce sont-là les causes des erreurs qu'on trouve dans les Latitudes déterminées par les Anciens. Les connoissances qu'on a aujourd'hui, nous mettent à portée de les corriger : mais le Problème, tel qu'ils se le sont proposé, demeure sujet à une grande limitation. C'est que dépendant de l'observation de la durée du plus long ou du plus court jour, il n'y a que deux jours dans l'année où l'on puisse le résoudre.

Voici pourquoi jusqu'ici l'on s'est astreint à cette condition.

La durée du jour dépend de deux causes : 1.º du lieu que l'Observateur occupe sur le Globe de la Terre : 2.º du lieu du Soleil dans l'Ecliptique.

Dans chaque lieu de la Terre, plus le Soleil s'approche du Tropique voisin, plus le tems de son séjour sur l'horison est long; plus il s'éloigne du Tropique, plus ce tems est court.

Mais le changement continuel de déclinaison du Soleil qui, pendant le cours de l'année, rend dans chaque lieu les jours inégaux, altère la durée même de chaque jour, rend inégaux son soir & son matin : rend chaque jour plus long ou plus court qu'il ne seroit si le Soleil à son coucher avoit conservé la même déclinaison qu'il avoit à son lever.

Dans deux points seuls de l'Ecliptique, la déclinaison du Soleil demeure assés constamment la même pour ne causer à la durée du jour aucune altération sensible : ces points font ceux où le Soleil, après s'être éloigné de l'Équateur, ceffe de s'en éloigner, & s'en rapproche. Et ces points, qui font les points folfticiaux, répondent au plus long & au plus court jour de l'année.

Voilà pourquoi jufqu'ici l'on s'eft fixé à ces jours, pour trouver la Latitude par leur durée. Mais on voit par-là combien cette reftriction rend le Problème peu utile pour le Navigateur, qui chaque jour a befoin de connoître fa Latitude.

D'autres caufes encore femblent lui refufer l'ufage de ce Problème. Nous avons vû que l'agitation des Flots ne changeoit point l'inftant du lever & du coucher du Soleil : mais il n'en eft pas ainfi du tranfport du Vaiffeau d'un lieu à l'autre. Selon la

plage vers laquelle il navigue, il va
trouver un jour plus long ou plus
court que celui que le lieu du matin
lui promettoit : & quoique les momens de l'émersion & de l'immersion
du Soleil dans l'horison soient les
mêmes qu'ils seroient si l'Observateur
n'éprouvoit aucune agitation, ils ne
sont pas séparés par le même intervalle qu'ils le seroient si l'Observateur
étoit demeuré au même lieu. Pour
m'expliquer plus briévement, l'agitation n'apporte aucun trouble à l'observation du lever ni du coucher du
Soleil, mais le mouvement progressif
du Vaisseau, éloigne ou rapproche
ces deux instans, & change pour le
Navigateur la durée qui les sépare.

J'ai voulu vaincre toutes ces difficultés; & rendre praticable sur la Mer,

& tous les jours de l'année, une méthode qui a sur toutes les autres de si grands avantages, par le genre d'observations qu'elle demande.

Mais le Problème simple & facile lorsqu'on le résout comme les Anciens l'ont résolu, dans un Observatoire fixe, sans avoir égard à la Réfraction, ni à la Parallaxe, & qu'on l'astreint au jour du Solstice, devient difficile lorsqu'on veut le résoudre pour tous les jours de l'année, & dans toutes les circonstances où le Navigateur se trouve.

Car 1.° la Réfraction faisant paroître le Soleil avant qu'il se lève, & le faisant paroître encore après qu'il est couché, rend le jour plus long qu'il n'est réellement.

2.° En tout autre tems qu'aux Solstices, le changement continuel de déclinaison du Soleil altère la durée du jour, & l'allonge ou la raccourcit selon que le Soleil s'approche ou s'éloigne du Tropique.

3.° L'Observatoire se mouvant lui-même, fait voir au Navigateur un jour plus long ou plus court selon le lieu où il dirige sa route.

Je ne parle point de l'effet de la Parallaxe du Soleil, parce qu'il est trop peu considérable pour qu'on y doive faire attention dans les Problèmes Nautiques, Si cependant on y vouloit avoir égard, on sçait que l'effet de cette Parallaxe étant de faire voir le Soleil plus bas qu'il n'est par rapport au centre de la Terre, pendant que la Réfraction le fait voir plus haut ; il n'y a qu'à retrancher la Parallaxe de la Réfraction, & prendre le refte pour la quantité dont le Soleil paroît plus élevé qu'il n'eft.

Pour réfoudre le Problème dans toutes fes circonftances ; il faut donc apprécier ce que chacune contribue à rendre le jour plus long ou plus court : & chercher quelle feroit fa durée pour un Obfervateur : qui depuis le lever du Soleil jufqu'à fon coucher feroit demeuré à la même place : qui feroit fur une Terre qui n'auroit point d'Atmofphère, ou dont l'Atmofphère ne cauferoit aux rayons de lumiére aucune réfraction : enfin qui obferveroit un Soleil qui depuis fon lever jufqu'à fon coucher conferveroit toûjours la même déclinaifon.

Le calcul eft compliqué : mais la peine ne fera que pour le Géomètre. Il pourra donner au Pilote des Tables par le moyen defquelles il aura fa Latitude, en obfervant feulement la durée apparente du jour ; & à peu-près la route qu'il aura tenue du ma-tin au foir.

Il n'y a plus à ce Problème qu'une reftriction ; mais une reftriction qui eft attachée à la nature de la chofe, & qui ne peut guére nuire dans l'ufage qu'on en veut faire. Deux feuls jours de l'année la méthode des Anciens étoit praticable : il n'y a que deux jours dans l'année où l'on ne puiffe pas pratiquer la nôtre ; qui font les jours de l'Équinoxe. Lorfque le Soleil eft à ces points, les jours étant égaux dans tous les lieux de la Terre, il eft évident qu'on ne fçauroit déterminer la Latitude d'aucun lieu par leur du-rée. Hors de ces tems, notre méthode eft univerfelle,

Quelques Aftronomes ont pro-
pofé un autre Problème qui femble
d'abord être d'une grande utilité pour
les Navigateurs : c'eft de déterminer
la Latitude par l'obfervation de deux
E'toiles qui fe lèvent ou qui fe couchent au même inftant.

Il eft évident que pour deux E'toiles
dont les lieux font donnés dans les
Cieux, n'y ayant qu'une feule pofi-
tion de l'axe de la Terre qui les faffe
fe trouver enfemble dans l'horifon,
cette circonftance détermine la pofi-
tion de l'axe fur l'horifon, ce qui eft
la hauteur du Pole.

Mais cette méthode fi fpécieufe
au premier afpect, ne fçauroit être
d'aucun ufage ; c'eft parce qu'on ne
fçauroit voir les E'toiles dans l'horifon. Leur lumiére eft tellement éteinte

ou obscurcie par l'Atmosphère, qu'il faut des circonstances fort rares de sérénité dans l'air pour qu'on puisse suivre jusque vers l'horison quelques Etoiles des plus brillantes du Ciel.

Si l'on veut donc déterminer la Latitude par des émersions & des immersions dans l'horison ; il faut abandonner les Etoiles fixes , & se tourner vers des Astres qui conservent assés de lumiére dans l'horison pour y être apperçus. Mais alors comme il y a peu de ces Astres, il seroit bien rare de se trouver dans une position de la Sphère qui en fist voir deux se lever ou se coucher en même tems : & cette méthode praticable dans cette seule circonstance, ne pourroit être utile que pour quelques lieux & pour quelques jours.

J'ai cherché une méthode pour trouver la Latitude par les émersions & les immersions de deux Astres dans l'horison, mais qui ne fût point astreinte à la condition qu'ils se trouvassent dans l'horison au même instant. On est alors maître du choix des Astres : & aucun après le Soleil ne m'a paru si propre pour la résolution de ce Problème que la Planète de *Vénus*. Elle répand assés de lumiére pour qu'on la voie facilement dans l'horison : & la régularité de son cours fait connoître fort exactement son lieu dans le Ciel. Compagne fidelle du Soleil, elle le précède, ou le suit toûjours d'assés près ; & c'est par le tems écoulé entre le lever ou le coucher de ces deux Astres, que j'enseigne à trouver la Latitude.

Les deux méthodes précédentes peuvent être fort utiles. Je parlerai maintenant d'une autre, qui ne donne qu'une exactitude fort bornée, mais qui mérite d'être connue par sa singularité, & par la simplicité de l'observation qu'elle exige. Elle feroit *trouver la Latitude par le seul tems que le Soleil ou la Lune emploient à s'élever de tout leur Disque au dessus de l'horison, ou à se plonger au dessous.*

Ce tems en général dépendant de la grandeur du diamètre de l'Astre, de sa déclinaison, & de la hauteur du Pole dans le lieu de l'observation; pour un jour de l'année donné, ne dépend donc plus que de la hauteur du Pole. Plus l'axe de la Terre est élevé, plus l'Équateur & ses Cercles parallèles sont coupés obliquement

par l'horifon, plus le tems de l'é-
merfion & de l'immerfion du Difque
eft long : & fa durée détermine la
hauteur du Pole.

Quelque facile que foit cette méthode : que le Navigateur ne foit pas
tenté de s'y arrêter lorfqu'il en pourra
pratiquer d'autres plus exactes. Je ne
la lui offre que pour des cas malheureux où il n'auroit point d'autre
reffource.

Après l'obfervation du lever & du
coucher des Aftres, il n'y en a pas
de plus fimple, ni de plus facile, que
celle du moment où ils fe trouvent
dans un même vertical. Dans un
Obfervatoire ftable, une Lunette fixée
à angles droits fur un axe horifontal,
& mobile autour de cet axe, donne
ces obfervations avec une grande
précifion.

précision ; fur la Mer un fil chargé d'un plomb fuffit : & fi l'on fe vouloit contenter d'une moindre exactitude, on pourroit à la vûe fimple juger affés jufte fi la ligne qui joint deux Etoiles eft verticale, fur-tout fi l'on choififfoit deux Etoiles affés éloignées l'une de l'autre.

Je donne pour trouver la Latitude par des obfervations de cette efpèce, une méthode qui peut être fort utile fur Terre & fur Mer.

J'ai déja dit que l'ouvrage fuivant n'étoit pas deftiné uniquement pour les gens de Mer : on y trouvera plufieurs Problèmes pour la perfection de l'Aftronomie.

Tout le monde fçait, du moins tous les Aftronomes fçavent, que lorfqu'on veut déterminer la hauteur du

Pole, on suppose connue la déclinaison de l'Astre qu'on emploie à
cette recherche ; & que lorsqu'on
veut déterminer la déclinaison d'un
Astre, on suppose connue la hauteur
du Pole. La plûpart des méthodes
pour trouver l'une ou l'autre de ces
deux choses, sont dans le cas de
ce cercle vicieux. On trouvera dans
l'ouvrage suivant un Problème par
lequel on l'évite; on aura la hauteur
du Pole indépendamment de la déclinaison des Astres; la déclinaison des
Astres indépendamment de la hauteur du Pole : & le tout se fera sans
la mesure actuelle d'aucun angle.

M. Mayer, auteur de cette belle
méthode*, lui attribuoit encore une
prérogative qu'il seroit à souhaiter

* *Comment. Acad. Petrop. Tom. V.*

qu'elle eût ; ce feroit d'être à l'abri
de la Réfraction.

Depuis qu'on connoît cette pro-
priété qu'a l'Atmofphère de rompre
les rayons de la Lumiére, & de nous
faire voir les Aftres dans des lieux où
ils ne font point, tous les Aftronomes
fe font appliqués à déterminer la
hauteur du Pole par des méthodes
qui évitaffent l'effet de cette illufion;
quoiqu'il paroiffe que jufqu'ici ce
n'ait pas été avec grand fuccès. Les
unes de ces méthodes fuppofent
qu'on connoiffe la déclinaifon des
E'toiles qu'on emploie à cette recherche ; & c'eft cette déclinaifon
qu'il eft difficile de trouver exemte
des erreurs de la Réfraction. D'autres
fuppofent l'obfervation d'une E'toile
au Zénith, ce qui les limite extrê-
mement,

On trouvera dans l'ouvrage fuivant* une méthode délivrée de toutes
ces fuppofitions, & entiérement à
l'abri des effets de la Réfraction.
Et l'on aura par elle également la
hauteur du Pole, & la déclinaifon
des E'toiles.

Enfin nous nous fommes attachés
à des Queftions de pure fpéculation,
comme au fameux Problème du plus
court crépufcule. On s'étonnera qu'a-
près qu'il a été fi long-tems l'objet
des recherches des plus habiles Ma-
thématiciens, la folution en fût demeurée jufqu'ici imparfaite. La généralité de ma méthode m'a fait décou-
vrir & réfoudre une difficulté que les
autres Aftronomes n'avoient pas ap-
perçue : mais qui vraifemblablement

* *Problème XXV.*

avoit été remarquée par deux des
plus grands Géomètres du siécle *,
qui avouent qu'ils avoient été occu-
pés de ce Problème pendant cinq
ans, sans en pouvoir venir à bout.

Je dois maintenant parler de la
méthode que j'ai suivie dans tout
cet ouvrage.

Pour résoudre les Problèmes astro-
nomiques, on a d'ordinaire recours
à une science secondaire : on les réduit à des Triangles tracés sur la sur-
face de la Sphère, que cette science
apprend à résoudre. Je parle de la
Trigonométrie Sphérique : elle offre
d'abord de grandes facilités. On
trouve ses régles à la tête de plusieurs
Livres ; & souvent on résout des
Questions importantes de l'Astrono-

* *Johan. Bern. oper. Tom. 1. pag. 64.*

mie par une application aveugle de ces régles. Par elles on est dispensé de pénétrer dans la nature de la question ; & par elles l'Astronome se croiroit dispensé d'être Géomètre, s'il pouvoit méconnoître la science à laquelle elles doivent leur origine.

J'admire l'art des premiers Géomètres qui nous ont donné la Trigonométrie Sphérique : mais je crois que les Esprits géométriques préféreront, pour les Problèmes d'Astronomie, des solutions immédiates à celles qu'on emprunte d'une autre science ; & auxquelles on ne parvient qu'en pratiquant des régles dont l'origine n'est guére présente à l'esprit, & dont l'application est souvent ambigüe.

J'ai voulu délivrer l'Astronomie du besoin de cette science secondaire ;

& la faire dépendre immédiatement de l'analyſe dont toutes les Sciences Mathématiques dépendent.

Je dois avouer qu'on trouvera dans la méthode que j'ai ſuivie, l'inconvénient qui ſe rencontre dans toutes les méthodes générales : c'eſt de donner pour quelques cas particuliers des ſolutions moins ſimples & moins commodes que celles auxquelles on parviendroit par des routes indirectes. Mais je ne crois pas qu'on inſiſte ſur ce reproche, lorſqu'on fera attention à l'avantage d'avoir tous les Problèmes qui compoſent l'ouvrage ſuivant, réſolus par une même méthode & par un même calcul.

Après le grand nombre de choſes que j'ai annoncées, je crains de dire que tout eſt contenu dans quelques lignes d'Algèbre. Ai-je le tort d'avoir présenté l'ouvrage d'une manière trop avantageuse ! ou l'Algèbre a-t-elle le mérite d'avoir en effet réduit dans un si petit volume une science très-vaste ! c'est à ceux qui examineront l'ouvrage à en juger.

TABLE
DES PROBLEMES

Contenus dans cet ouvrage.

TABLE.

TABLE.

TABLE.

TABLE.

TABLE.

TABLE.

TABLE.

ASTRONOMIE

ASTRONOMIE

NAUTIQUE.

.A

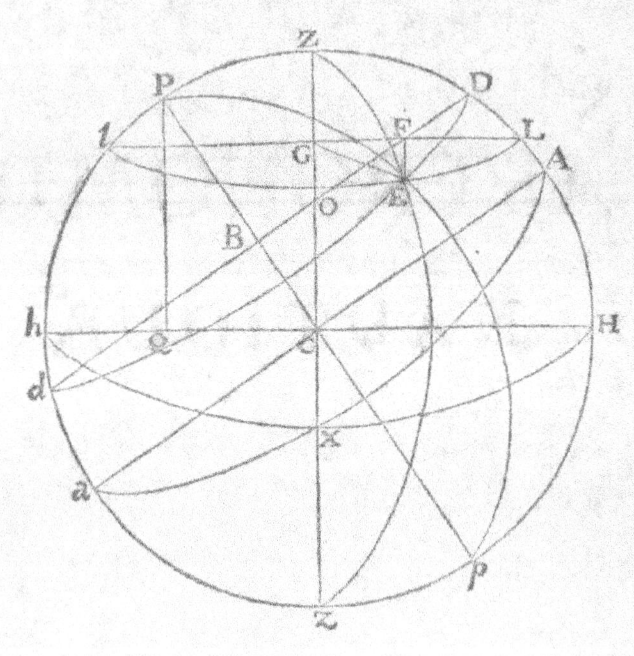
Z
P
D
l
G
E
L
A
B
O
E
h
Q
c
H
d
x
a
P
Z

***

PRÉPARATION pour tout le Livre, ou Dénomination des principaux élémens de la Sphère.

SOient Pp l'Axe de la Sphère céleste; $PZAHpzahP$ le Méridien, & HXh l'Horison du lieu ; AXa l'Équateur, DEd le Cercle que décrit l'Astre, PEp le Méridien qui passe au point E où l'Astre se trouve, ZEz son Vertical, & LEl son Almicantarath.

			On aura
SOIT le Rayon....	$CP = r$		
Le Sinus de la déclinais. de l'Astre	$CB = z$		$EF = \dfrac{yz}{r}$
Son Co-sinus...	$DB = y$		
Le Sinus de la hauteur du Pole	$PQ = s$		$BF = \dfrac{yu}{r}$
Son Co-sinus...	$CQ = c$		
Le Sinus de la hauteur de l'Astre.........	$CG = h$		$EF = \dfrac{mk}{r}$
Son Co-sinus...	$GE = k$		
Le Sinus de l'Angle horaire............	$= s$		$GF = \dfrac{nk}{r}$
Son Co-sinus......	$= u$		
Le Sinus de l'Angle azymuthal............	$= m$		$CO = \dfrac{rz}{s}$
Son Co-sinus......	$= n$		$BO = \dfrac{cz}{s}$

PROBLEME I.

TROUVER la relation entre la hauteur du Pole, la déclinaison d'un Astre, sa hauteur, & son Angle horaire?

$$GO = GC - CO = \frac{hs - rx}{s} \; ; \; \&$$

les Triangles semblables QCP, GOF, donnant

$$c : r :: \frac{hs - rx}{s} : OF = \frac{rhs - rrx}{s}.$$

On a (à cause de $BO + OF = BF$)

$$\frac{ccx + rhs - rrx}{cs} = \frac{yu}{r} \; : \; \text{ou}$$

$$rrh - rsx = cyu.$$

Ici, & dans les Problèmes suivans les signes sont différens, lorsque l'Almicantarath coupe CZ au dessous du point B.

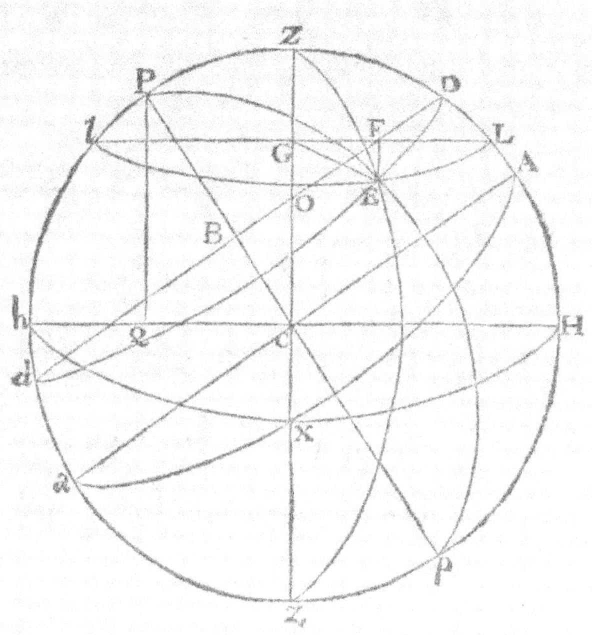
Z
P
D
l
F
L
G
A
O
E
B
h
H
Q
d
C
X
a
P
Z

PROBLEME II.

Trouver la relation entre la hauteur du Pole, la déclinaison d'un Astre, sa hauteur, & son Angle azymuthal ?

Les Triangles semblables PQC, FGO, donnent

$$s : c :: \frac{nk}{r} : GO = \frac{nck}{rs},$$

Donc (à cause de $CO + OG = CG$)

$$\frac{rrx + nck}{rs} = h, \quad \text{ou}$$

$$rrx + nck = rsh.$$

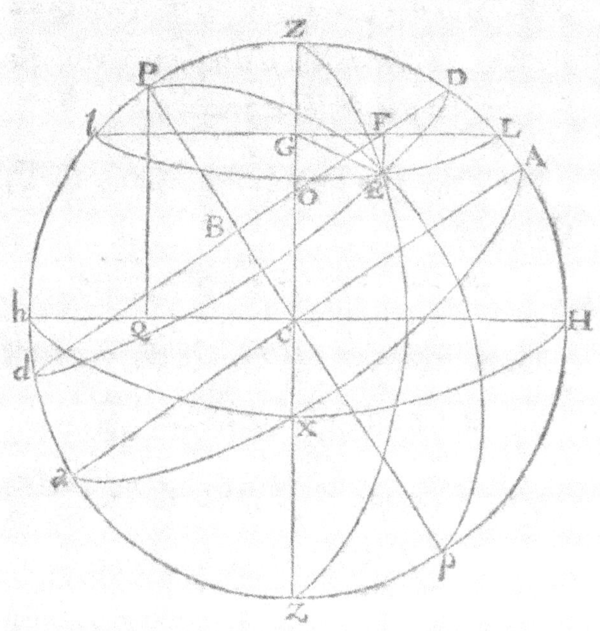

PROBLEME III.

Trouver la relation entre la hauteur du Pole, la déclinaison d'un Astre, son Angle horaire, & son Angle azymuthal ?

Les Triangles semblables MNC, EFG, donnent

$$m : n :: \frac{yt}{r} : FG = \frac{nyt}{mr}.$$

Les Triangles QPC, GFO, donnent

$$s : r :: \frac{nyt}{mr} : FO = \frac{nyt}{ms}.$$

Donc (à cause de $FO + OB = FB$)

$$\frac{nyt + mcx}{ms} = \frac{yu}{r}, \quad \text{ou}$$

$$rnyt + rmcx = msyu.$$

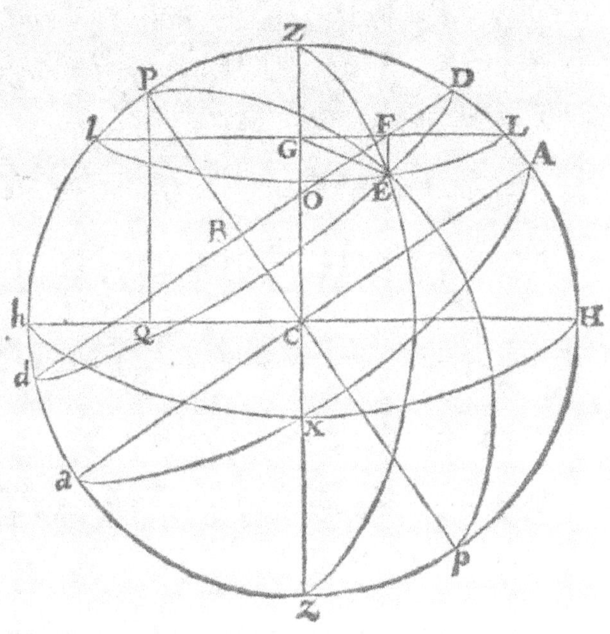

PROBLEME IV.

Trouver la relation entre la hauteur du Pole, la hauteur d'un Astre, son Angle horaire, & son Angle azymuthal ?

Les Triangles semblables QPC, GFO, donnent

$$s : r :: \frac{nk}{r} : FO = \frac{nk}{s},$$

$$s : c :: \frac{nk}{r} : GO = \frac{nkc}{rs},$$

$$\&\ CO = \frac{rsh - nkc}{rs}.$$

Les Triangles PCQ, COB, donnent

$$r : c :: \frac{rsh - nkc}{rs} : OB = \frac{rsch - nkcc}{rrs};$$

Or $FO + OB : EF$, ou

$$\frac{nkrr + rsch - nkcc}{rrs} : \frac{mk}{r} :: u : t.\ \text{Donc}$$

$$rcht + nskt = rmku.$$

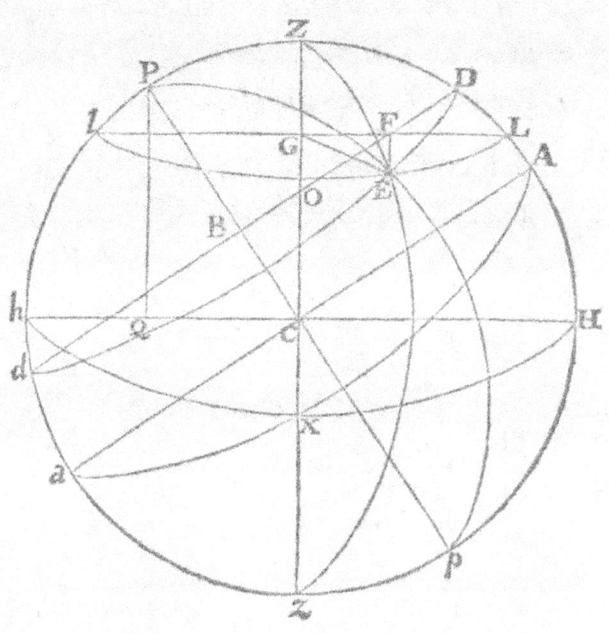

PROBLEME V.

TROUVER la relation entre la déclinaison d'un Astre, son Angle horaire, sa hauteur, & son Angle azymuthal !

La commune section de l'Almicantarath, & du Cercle que décrit l'Astre, donne $\dfrac{mk}{r} = \dfrac{yt}{r}$; ou

$$mk = yt.$$

SCHOLIE.

On a donc ces cinq Formules :

$$rrh - rsx = cyu.$$
$$rrx + nck = rsh.$$
$$rnyt + rmcx = msyu.$$
$$rcht + nkst = rmku.$$
$$mk = yt.$$

Qui contiennent les vingt Problèmes suivans.

PAR LA 1.re FORMULE:

$$r\,r\,h - r\,s\,x = c\,y\,u.$$

Sans connoître l'Angle azymuthal.

I.

Connoissant la déclinaison de l'Astre, sa hauteur, & son Angle horaire, on a la hauteur du Pole.

2.

Connoissant la hauteur du Pole, la hauteur de l'Astre, & son Angle horaire, on a sa déclinaison.

3.

Connoissant la hauteur du Pole, la déclinaison de l'Astre, & sa hauteur, on a son Angle horaire.

4.

Connoissant la hauteur du Pole, la déclinaison de l'Astre, & son Angle horaire, on a sa hauteur.

PAR LA 2.de FORMULE:

$$rrx + nck = rsh.$$

Sans connoître l'Angle horaire.

1.

Connoissant la déclinaison de l'Astre, sa hauteur, & son Angle azymuthal, on a la hauteur du Pole.

2.

Connoissant la hauteur du Pole, la hauteur de l'Astre, & son Angle azymuthal, on a sa déclinaison.

3.

Connoissant la hauteur du Pole, la déclinaison de l'Astre, & sa hauteur, on a son Angle azymuthal.

4.

Connoissant la hauteur du Pole, la déclinaison de l'Astre, & son Angle azymuthal, on a sa hauteur.

PAR LA 3.me FORMULE:

$$rnyt + rmcx = msyu.$$

Sans connoître la hauteur de l'Astre.

I.

Connoissant la déclinaison de l'Astre, son Angle horaire, & son Angle azymuthal, on a la hauteur du Pole.

2.

Connoissant la hauteur du Pole, l'Angle horaire, & l'Angle azymuthal de l'Astre, on a sa déclinaison.

3.

Connoissant la hauteur du Pole, la déclinaison de l'Astre, & son Angle azymuthal, on a son Angle horaire.

4.

Connoissant la hauteur du Pole, la déclinaison de l'Astre, & son Angle horaire, on a son Angle azymuthal.

PAR LA 4.me FORMULE:

$$r\,c\,h\,t + n\,k\,s\,t = r\,m\,k\,u.$$

Sans connoître la déclinaison de l'Astre.

1.

Connoissant la hauteur de l'Astre, son Angle azymuthal, & son Angle horaire, on a la hauteur du Pole.

2.

Connoissant la hauteur du Pole, la hauteur de l'Astre, & son Angle azymuthal, on a son Angle horaire.

3.

Connoissant la hauteur du Pole, la hauteur de l'Astre, & son Angle horaire, on a son Angle azymuthal.

4.

Connoissant la hauteur du Pole, l'Angle azymuthal de l'Astre, & son Angle horaire, on a sa hauteur.

PAR

PAR LA 5.me FORMULE :

$$mk = yt.$$

Sans connoître la hauteur du Pole.

1.

Connoissant la hauteur de l'Astre, son Angle azymuthal, & son Angle horaire, on a sa déclinaison.

2.

Connoissant la déclinaison de l'Astre, sa hauteur, & son Angle azymuthal, on a son Angle horaire.

3.

Connoissant la déclinaison de l'Astre, sa hauteur, & son Angle horaire, on a son Angle azymuthal.

4.

Connoissant la déclinaison de l'Astre, son Angle azymuthal, & son Angle horaire, on a sa hauteur.

B

PROBLEME VI.

Le tems qu'un Astre emploie à traverser un angle donné, étant donné ; trouver la déclinaison de l'Astre !

Soit la corde de l'angle donné $= 2p$ pour le rayon $= r$; & supposons qu'on observe l'Astre à deux hauteurs égales avant & après son passage au Méridien : on aura $r : m :: k : p$ & $mk = rp$; ou (à cause de la 5.me formule $mk = yt$) $yt = rp$.

Or, à quelque hauteur qu'on observe l'Astre traverser l'angle donné, le tems qu'il y emploie, sera le même ; à la différence près qu'y apportera la réfraction, dont nous faisons jusqu'ici abstraction. On aura donc toûjours l'Equation

$$y = \frac{rp}{t}.$$

Coroll. Si plusieurs Etoiles traversent un même angle, les co-sinus de leurs déclinaisons sont en raison inverse des sinus des angles des tems qu'elles y emploient.

PROBLEME VII.

*L*A *hauteur du Pole, & la déclinaison d'un Astre, étant données; trouver son Arc semi-diurne !*

Dans la 1.re formule
$$rrh - rsx = cyu,$$
ou (Note de la page 4.)
$$rsx - rrh = cyu.$$

Faisant $h = 0$, puisque l'arc qu'on cherche, est terminé par l'horison ; l'on a pour le co-sinus de l'angle horaire
$$u = \frac{rsx}{cy}.$$

Ou (faisant la tangente de la hauteur du Pole $= S = \frac{rs}{c}$, & la tangente de la déclinaison de l'Astre $= X = \frac{rx}{y}$) on a $\qquad u = \frac{SX}{r}.$

Or l'arc de l'Équateur, terminé par l'horison & par le Méridien, est l'arc semi-diurne de l'Astre qu'on a par cette Equation.

PROBLEME VIII.

*L*A *hauteur du Pole, & la déclinaison du Soleil, étant données ; trouver son Amplitude ortive ou occase !*

Prenant la 2.de formule
$$r\,r\,x + n\,c\,k = r\,h\,s,$$
ou plûtôt (Note de la page 4.)
$$r\,r\,x - n\,c\,k = r\,h\,s.$$
Et faisant $h = 0$, parce que l'Astre est dans l'horison, l'on a pour le co-sinus de l'angle azymuthal, qui est l'amplitude, ou la portion de l'horison terminée par le Méridien & le point où l'Astre se lève ou se couche,
$$n = \frac{r\,x}{c}.$$

Ce Problème sert à trouver la déclinaison de la Boussole.

PROBLEME IX.

*L*A *hauteur du Pole, & la déclinaison du Soleil, étant données ; trouver la réfraction horisontale ?*

Par la $1.^{re}$ formule, & la note de la page 4,

$$rsx - rrh = cyu;$$

on a donc pour l'heure à laquelle le Soleil se lève,

$$u = \frac{rsx}{cy}, \quad \text{ou} \quad u = \frac{SX}{r}.$$

Dans ce moment le Soleil est dans l'horison ; observant donc alors sa hauteur apparente, on a la quantité dont la réfraction moins la parallaxe élève l'Astre : & ajoûtant à cette quantité la parallaxe, on a la réfraction.

* B iij

Inſtrument Azymuthal.

Sɪ l'obſervation des Angles verticaux qui donnent les hauteurs des Aſtres, eſt d'un uſage qui paroît indiſpenſable dans l'Aſtronomie, l'obſervation des Angles horiſontaux qui donnent la projection des Aſtres ſur le plan de l'horiſon, n'eſt pas moins utile.

Tous les Obſervatoires ſont pourvûs de Quart-de-cercles ou d'autres Secteurs avec leſquels on obſerve les hauteurs ; mais des Inſtrumens azymuthaux qui donnent les lignes de la projection des Cercles verticaux ſur le plan de l'horiſon, ſont d'une conſtruction ſi difficile, que leur uſage eſt peu fréquent. Je ne ſçais ſi l'on a jamais conſtruit aucun Inſtrument de cette eſpèce, qui donnât une préciſion ſuffiſante, ou ſur laquelle on pût compter.

On en auroit un, & le plus parfait de

tous, fi prenant le lieu de l'Obfervateur
pour le centre, & l'horifon fenfible pour
la circonférence d'un Cercle, on regar-
doit les différens objets qui le terminent,
comme les divifions de cette circonférence : & qu'on connût bien les Angles
que forment entre ces objets les rayons
qui partent du lieu de l'Obfervateur. Car
mettant dans ce lieu une Lunette fixée à
angles droits fur un axe horifontal, &
mobile autour de cet axe dans des plans
verticaux, les points de l'horifon qui fe
rencontreroient au centre de la Lunette,
détermineroient les projections des verticaux, & les angles entre ces points feroient les mefures des Azymuths.

Pour former ce grand Inftrument,
dont le limbe eft l'horifon fenfible; &
pour en marquer les divifions par des
mefures plus fûres que celles des Quart-
de-cercles, qui apporteroient à cet Inftrument toutes les erreurs de leur conf-

B iiij

truction : il suffit d'avoir la hauteur du Pole du lieu où on le veut construire, la déclinaison de quelques Etoiles qui puissent être vûes dans tous les verticaux, & d'observer les angles horaires de ces Etoiles. Car la 3.me formule

$$\frac{n}{m} = \frac{syu - rcx}{ryt}$$

donnera tous les angles azymuthaux : & plongeant la Lunette dans l'horison, on y rencontrera quelqu'objet qui servira comme le point qu'on grave sur le limbe des Quart-de-cercles pour en marquer la division.

Si l'on choisit, pour faire la division de l'horison, un Astre qui soit dans l'E-quateur, le calcul devient beaucoup plus simple ; car on a

$$\frac{n}{m} = \frac{su}{yt},$$

Cet Instrument une fois construit, l'Astronome qui en sera muni, pourra se passer des observations des hauteurs des

Aſtres, & réduire tout aux obſervations de la Lunette & de la Pendule. Car par les angles azymuthaux & les tems, nos calculs déterminent les hauteurs & ſuppléent à toutes les autres obſervations.

Il eſt vrai que quelquefois les calculs en feront moins ſimples : mais c'eſt, ce me ſemble, une méthode avantageuſe que celle qui rejettant ſur le calcul les plus grandes difficultés de l'Aſtronomie, en rendra la pratique plus facile, & moins dépendante de l'exercice & de l'adreſſe des obſervateurs.

Des points où les Astres tombent ou s'élèvent perpendiculairement à l'horison.

Tous les Astres qui passent entre le Zénith & le Pole ont deux momens, l'un avant, l'autre après leur passage par le Méridien, où leur cours est perpendiculaire à l'horison, où les arcs qu'ils décrivent sont communs au cercle parallèle à l'Equateur, & au Cercle azymuthal. Voici la maniére de trouver ces points.

PROBLEME X.

LA hauteur du Pole, & la déclinaison d'un Astre, étant données ; trouver la hauteur à laquelle on le voit s'élever ou s'abaisser perpendiculairement à l'horifon !

L'Angle azymuthal qui répond à chaque point du cercle que décrit l'Astre, croît jusqu'à ce qu'il soit parvenu à cette partie qui est commune au Cercle parallèle & au Cercle azymuthal ; & cet angle décroît aussi-tôt après. L'Angle azymuthal qui convient à cette partie du cours de l'Astre, est donc alors le plus grand qu'il puisse être.

Prenant donc la $2.^{de}$ formule

$rrx + nck = rsh$; ou plûtôt

$rrx - rsh = nck$, pour ce cas où l'Etoile passe entre le Pole & le Zénith, on a

$$n = \frac{rrx - rsh}{ck} ;$$

Et (faisant $= 0$ la différence de cette quantité, en supposant c & x constans) on a pour la hauteur à laquelle on voit l'Astre s'élever & s'abaisser perpendiculairement

$$h = \frac{rs}{x}.$$

Et pour l'Angle azymuthal qui est le plus grand,

$$n = \frac{r \sqrt{(xx - ss)}}{c}.$$

SCHOLIE.

On voit par cette valeur de n, qui devient imaginaire lorsque $s > x$, qu'il n'y a que les Astres qui passent entre le Zénith & le Pole, qui s'élèvent & retombent perpendiculairement à l'horison dans quelque partie de leur cours.

On tire de-là une méthode pour déterminer la réfraction.

PROBLEME XI.

*L*A *déclinaison d'un Astre étant donnée, sa hauteur apparente dans le point où il décrit la partie verticale de son Cercle, & son Angle horaire pour l'instant de cette hauteur; trouver la réfraction qu'il éprouve !*

La réfraction élevant l'Astre verticalement, pendant qu'il décrit la partie verticale de son Cercle, elle ne change que sa hauteur. L'instant qui termine cet angle, est le même que s'il n'y avoit point de réfraction.

Prenant donc la $1.^{re}$ formule

$$r r h - r s x = c y u,$$

& y substituant pour s & c leurs valeurs tirées de la condition que l'arc que décrit l'Astre soit vertical, c'est-à-dire, tirées de $h = \frac{r s}{x}$, on a

$$h = \frac{r r u}{\sqrt{(r r y y + x x u u)}},$$

Qui, x & u étant donnés, est une quantité tout-à-fait donnée. Comparant
cette h à la hauteur observée au même
instant, la différence de ces hauteurs
donnera la réfraction.

Correction du Midi déterminé par des hauteurs correspondantes.

ON peut par nos calculs trouver facilement la solution d'un Problème de grand usage dans l'Astronomie, mais dont les solutions que quelques Auteurs nous ont données, sont remplies de longueurs & d'embarras : c'est de trouver la correction qu'il faut faire au Midi déterminé par des hauteurs du Soleil correspondantes.

Pour régler leur Pendule les Astronomes observent quelques hauteurs du Soleil avant midi, & les instans de ces hauteurs : après midi ils observent les mêmes hauteurs, & les instans où le Soleil s'y trouve. Si la déclinaison du Soleil demeuroit toûjours la même, en partageant en deux également les intervalles du tems écoulé entre chacune des hauteurs correspondantes, le milieu seroit l'instant où le Soleil auroit passé au Méridien, seroit l'instant du Midi. On trouve ainsi l'instant de la culmination des Etoiles fixes, car le changement de déclinaison qu'elles éprouvent dans l'intervalle des observations, est trop peu de chose pour qu'on y doive faire attention.

Il n'en est pas ainsi du Soleil ; sa déclinaison change assés considérablement dans l'intervalle des observations, pour que l'instant auquel il passe au Méridien, ne soit pas également éloigné des instans des hauteurs correspondantes.

Dans ces climats, lorsque le Soleil revient dans les Signes ascendans, c'est-à-dire, s'approche de notre Zénith, il arrive après midi à la même hauteur où il a été vû le matin, plus tard qu'il n'auroit fait si sa déclinaison n'avoit pas changé ; & s'il retourne dans les Signes descendans, il y arrive plûtôt. Le milieu du du tems écoulé entre les obſervations ne répond donc pas exactement à midi. Il faut, lorſque le Soleil s'approche de notre Zénith, en retrancher quelque choſe; & lorſque le Soleil s'en éloigne, il faut y ajoûter quelque choſe, pour que cette moitié réponde à l'inſtant du Midi.

Ce qu'il faut ici retrancher ou ajoûter, eſt le petit intervalle entre l'inſtant où le Soleil ſe trouve à la hauteur obſervée, & celui où il ſeroit à la même hauteur ſi ſa déclinaiſon n'avoit pas changé.

PROBLEME XII.

*L*A hauteur du Pole étant donnée ; la déclinaison du Soleil, le tems écoulé entre deux hauteurs égales du Soleil, & le changement du Soleil en déclinaison pendant le tems écoulé entre ces deux hauteurs : trouver de combien l'instant du Midi diffère du milieu de ce tems !

Soit la $1.^{re}$ formule

$$rrh - rsx = cyu,$$

dont je cherche la petite variation, pendant que la hauteur du Pole & la hauteur du Soleil demeurent les mêmes, & j'ai

$$- rsdx = cydu + cudy, \text{ ou}$$
$$rysdy - cxudy = cxydu.$$

Pour réduire les différences des sinus dy, du, aux petits arcs du Méridien dD, & de l'Equateur dE, l'on a

$$dy = \frac{sdD}{r} \ \& \ du = \frac{tdE}{r};$$

qui fubftitués dans l'Equation précédente, donnent pour le petit arc de l'Equateur qui répond au tems que l'on cherche,

$$dE = \left(\frac{rs}{ct} - \frac{xu}{yt} \right) dD.$$

Ou, prenant pour la tangente de la hauteur du Pole $\frac{S}{r} = \frac{s}{c}$; pour la tangente de la déclinaifon $\frac{X}{r} = \frac{x}{y}$; & pour la tangente de l'Angle horaire, $\frac{T}{r} = \frac{t}{u}$, la formule devient plus fimple, & eft

$$dE = \left(\frac{S}{t} - \frac{X}{T} \right) dD.$$

La formule de cette correction donne le Problème fuivant, qui eft l'inverfe de celui-ci.

PROBLEME XIII.

LA hauteur du Pole étant donnée ; la déclinaison du Soleil, le tems écoulé entre deux hauteurs égales, & la différence entre l'inſtant du Midi & le milieu de ce tems : trouver le changement du Soleil en déclinaiſon pendant le tems écoulé entre les obſervations !

L'Equation précédente donne

$$dD = \left(\frac{cyt}{rsy - cxu} \right) dE, \quad \text{ou}$$

$$dD = \left(\frac{tT}{ST - tX} \right) dE.$$

SCHOLIE.

Comme pour une même déclinaiſon du Soleil, & un même intervalle entre les obſervations, la correction du Midi varie ſuivant la hauteur du Pole, on peut par cette correction déterminer la hauteur du Pole du lieu où ſe font les obſervations.

PROBLEME XIV.

*L*A déclinaison du Soleil étant donnée ; le tems écoulé entre deux hauteurs égales, le changement du Soleil en déclinaison pendant le tems écoulé entre ces hauteurs, & la différence entre l'instant du Midi & le milieu de ce tems : trouver la hauteur du Pole ?

L'Equation précédente donne

$$\frac{rs}{c} = \frac{xu}{y} + t\,\frac{dE}{dD}, \text{ ou}$$

$$S = \frac{uX}{r} + t\,\frac{dE}{dD}.$$

SCHOLIE.

Je ne propose pas ceci comme un moyen pour trouver la hauteur du Pole avec une grande précision : c'est une méthode de Théorie plûtôt que de pratique.

C iij

PROBLEME XV.

*L*A *hauteur du Pole étant donnée ; &*
l'abaissement du Cercle crépusculaire : trouver
le jour du plus court crépuscule ?

Le Cercle crépusculaire est un Almicantarath que les Astronomes placent 1 8
degrés au dessous de l'horison.

La durée du crépuscule est le tems
qui s'écoule depuis que le Soleil a quitté
le Cercle crépusculaire jusqu'à ce qu'il ait
atteint l'horison.

Et il est évident que ce tems est égal
à celui qui s'écoule depuis que le Soleil
a quitté l'horison, jusqu'à ce qu'il soit
parvenu à la hauteur de 1 8 degrés.

On a donc pour la durée du crépuscule, l'arc de l'Equateur terminé par
deux co-sinus, dont l'un u est le co-sinus
de l'angle horaire pour le moment où
le Soleil est à l'horison, & l'autre u' est
le co-sinus de l'angle horaire pour le

moment où le Soleil est élevé de 18 degrés.

On a donc pour l'arc de l'Équateur qui répond à la durée du crépuscule

$$\int \frac{r\,du}{\sqrt{(rr - uu)}} - \int \frac{r\,du'}{\sqrt{(rr - u'u')}}$$

Qui (puisque le crépuscule doit être un *Minimum*) donne

$$\frac{du}{\sqrt{(rr - uu)}} - \frac{du'}{\sqrt{(rr - u'u')}} = 0.$$

Prenant donc dans la 1.re formule $cyu = rsx - rrh$, les valeurs de u & de u', & les substituant dans cette Équation, l'on a

$$\frac{d\left(\frac{rsx}{cy}\right)}{\sqrt{\left[rr - \frac{rrssxx}{ccyy}\right]}} - \frac{d\left(\frac{rsx - rrh}{cy}\right)}{\sqrt{\left[rr - \left(\frac{rsx - rrh}{cy}\right)^2\right]}} = 0.$$

Et différenciant ces quantités, en faisant s & h constantes ; l'on trouve

$$\frac{rdx}{yy}\left(\frac{s}{\sqrt{(cc - xx)}} + \frac{hx - rs}{\sqrt{(rrcc - rrxx + 2rhsx - rrhh)}}\right)$$

$$= 0.\ \text{D'où l'on tire}$$

$$x = \left(\frac{r \pm k}{h}\right)s.$$

SCHOLIE.

On trouve ici deux déclinaisons du Soleil : celle dont le sinus est $x = \left(\frac{r-k}{h}\right)s$ donne, pour trouver le jour du plus court crépuscule, l'Analogie que de célèbres Géomètres ont donnée ; sçavoir, comme le rayon, est à la tangente de la moitié de l'abaissement du Cercle crépusculaire ; ainsi le sinus de la hauteur du Pole, est au sinus de la déclinaison du Soleil pour le jour du plus court crépuscule.

Mais la déclinaison dont le sinus est $x = \left(\frac{r+k}{h}\right)s$, que donne-t-elle ?

Il y a ici une difficulté que la limitation des autres Solutions de ce Problème avoit tenu cachée, & que découvre la généralité de la nôtre.

Lorsque le Pole est plus élevé que le Cercle crépusculaire n'est abaissé, l'arc de l'Équateur écoulé pendant le crépuscule, eſt la différence de deux arcs, dont les co-ſinus ſont d'un même côté par rapport au centre de la Sphere : l'une des déclinaiſons du Soleil qu'on trouve, donne le *Minimum* de la différence des deux arcs, ou le *Minimum* des crépuſ- cules ; l'autre déclinaiſon eſt imaginaire.

Mais lorſque le Pole eſt moins élevé que le Cercle crépuſculaire n'eſt abaiſſé, l'arc de l'Equateur écoulé pendant le crépuſcule, eſt la ſomme de deux arcs, dont les co-ſinus ſe trouvent de diffé- rens côtés par rapport au centre de la Sphere : & des deux déclinaiſons du Soleil, l'une donne le *Minimum* de la ſomme de ces deux arcs, qui eſt le *Minimum* des crépuſcules ; ce que l'autre donne, eſt le *Minimum* de la différence des deux arcs. C'eſt ce dernier cas qui étoit embarraſſant, mais il étoit impor- tant de le connoître. Sans cela ceux qui cherchoient le plus court crépuſcule, étoient exposés à prendre pour lui le crépuscule où les deux arcs qui forment l'arc de l'Equateur écoulé pendant sa durée, ont la plus grande différence : crépuscule qui n'est cependant ni le plus court ni le plus long.

PROBLEME XVI.

LA hauteur du Pole, & la déclinaison du Soleil étant données ; trouver le tems que le Soleil emploie à s'élever au deſſus de l'horiſon, ou à s'abaiſſer de tout ſon Diſque !

Dans la 1.re formule

$$r s x - r r h = c y u,$$

je fais varier h & u, pendant que toutes les autres quantités demeurent conſtantes (car il ſeroit inutile de conſidérer ici le changement en déclinaiſon du Soleil pendant un ſi court eſpace de tems) & j'ai (à cauſe que h croiſſant, u diminue)

$$r r d h = c y d u.$$

Rapportant maintenant ces différentielles de ſinus aux petits arcs de l'Équateur $dE = \frac{t\,du}{t}$ & du vertical $dH = dh =$ au diametre du Soleil,

$$r r d H = \left(\frac{c y t}{y}\right) d E.$$

ou (à cause qu'à l'horison $t = \frac{rr\sqrt{(yy-ss)}}{cy}$)

$$dE = \left(\frac{r}{\sqrt{(yy-ss)}}\right) dH.$$

Il faut obſerver que dans les lieux voiſins du Pole où le Soleil emploie un tems trop long à ſe lever & ſe coucher, ce calcul ſeroit défectueux ; parce qu'il ſuppoſe que dH & dE ſont des quantités fort petites.

PROBLEME XVII.

LA hauteur du Pole, & la déclinaison du Soleil étant données ; trouver le diamètre du Soleil par le tems qu'il emploie à s'élever sur l'horison, ou à s'abaisser de tout son Disque !

L'Équation précédente donne

$$dH = \left(\frac{\sqrt{(yy - ss)}}{t} \right) dE.$$

PROBLEME XVIII.

Trouver la hauteur du Pole, par le tems que le Soleil emploie à s'élever sur l'horifon, ou à s'abaiffer de tout fon Difque !

L'Equation précédente donne

$$s = \sqrt{\left(yy - \frac{rrdH^2}{dE^2}\right)}.$$

SCHOLIE.

Il eft évident que la réfraction horifontale, quelque grande qu'elle foit, n'apporte ici aucune erreur, pourvû feulement qu'elle demeure la même pendant l'obfervation, ce qu'on peut prendre pour vrai, vû le peu de tems que dure cette obfervation ; car la réfraction ne fait ici que tranfporter l'horifon un peu plus haut qu'il n'eft, ou le change dans un Almicantarath fort peu élevé ; & la durée du lever ou du coucher du Soleil eft le tems qu'il emploie à s'élever de tout

son difque au deffus de cet Almicantarath, ou à s'abaiffer au deffous, qui ne
differe pas fenfiblement du tems qu'il
emploie à s'élever de la même quantité
au deffus du véritable horifon, ou à
s'abaiffer.

On pourroit en quelque forte par ce
Problème connoître fur Mer la Latitude,
fi l'on s'y trouvoit dénué de tous Inftrumens, par l'obfervation la plus fimple
de toutes. Quoique je ne donne pas ceci
comme une méthode à employer, lorfqu'on peut en pratiquer de plus exactes,
il arrive dans la Navigation des accidens
fi étranges, qu'on pourroit être heureux
d'y avoir recours ; & il eft toûjours utile
au Navigateur de connoître toutes les
reffources de fon art, chacune avec le
degré de fûreté qu'elle comporte, afin
qu'il puiffe s'en fervir felon l'occafion &
le befoin.

PROBLEME XIX.

LA hauteur du Pole étant donnée ; la déclinaison d'un Astre, & sa hauteur : trouver
le tems qu'il emploie à s'élever ou à s'a-
baisser d'une petite quantité donnée ?

Dans la premiére formule
$$rrh - rsx = cyu ;$$
faisant varier h & u, pendant que tout
le reste demeure constant, on a
$$rrdh = cydu.$$

Ou substituant les petits arcs de l'E-
quateur $dE = \frac{rdu}{t}$, & du vertical
$dH = \frac{rdh}{k}$, on a
$$rrkdH = cytdE.$$

Substituant maintenant la valeur de
$$t = \frac{r\sqrt{(2rhsx + rrkk - rrss - rrxx)}}{cy}, \text{ on a}$$
$$dE = \left(\frac{rk}{\sqrt{(2rhsx + rrkk - rrss - rrxx)}}\right) dH.$$

PROBLEME

PROBLEME XX.

*LA hauteur du Pole étant donnée ; la dé-
clinaison d'un Astre, & sa hauteur : trouver
la petite hauteur dont il s'est élevé ou abaissé,
par le tems qu'il y a employé ?*

L'Équation précédente donne

$$dH = \frac{\sqrt{(2rhsx + rrkk - rrss - rrxx)}}{rk}\, dE.$$

PROBLEME XXI.

Trouver la hauteur du Pole, par le tems qu'un Astre, dont la déclinaison, & la hauteur font connues, emploie à s'élever ou à s'abaisser d'une petite quantité donnée!

L'Equation précédente donne

$$ s = \frac{hx}{r} \pm \frac{k}{r} \, \sqrt{\left(yy - \frac{rrdH^2}{dE^2}\right)}. $$

SCHOLIE.

Je n'ai proposé ces moyens de déterminer la Latitude par les petits changemens d'élévation des Astres, & les tems écoulés pendant ces changemens, que comme des reſſources dans des cas extraordinaires, ou comme des ſuites de l'Analyſe que j'ai ſuivie dans cet ouvrage.

Le défaut des moyens que je viens de propoſer pour déterminer la Latitude, vient de ce qu'on la fait dépendre de trop petites quantités ; ſur leſquelles une petite erreur commiſe, en cauſe une conſidérable ſur la Latitude.

Le défaut de la méthode ordinaire pour déterminer la Latitude, eſt que cette méthode dépendant de l'obſervation des Aſtres lorſqu'ils paſſent au Méridien, un nuage qui ſurvient dans ce moment, fruſtre le Navigateur de ſa Latitude.

La méthode ſuivante eſt exempte de ces défauts. Elle dépend de deux hauteurs quelconques d'un Aſtre, & du tems écoulé entre les obſervations de ces hauteurs.

PROBLEME XXII.

*Deux hauteurs d'un Aſtre, dont la dé-
clinaiſon eſt connue, étant données, avec le
tems écoulé entre les obſervations : trouver la
hauteur du Pole, & l'heure des obſervations !*

Soient les ſinus des deux hauteurs h
& h'; les co-ſinus des angles horaires
qui leur répondent, u, & u' : le ſinus de
l'angle du tems écoulé entre les obſervations $= p$, ſon co-ſinus $= q$, ſon
ſinus verſe $= o$.

L'on a $u' = \dfrac{qu - p\sqrt{(rr - uu)}}{r}$.

Et mettant dans cette Équation les valeurs de u & de u', priſes dans la 1re
formule

$$u = \frac{rrh - rsx}{cy}, \quad \& \quad u' = \frac{rrh' - rsx}{cy}; \text{ on a}$$

$$\left.\begin{matrix} ooxx \\ rrpp \end{matrix}\right\} ss \left\{\begin{matrix} -2rrohx \\ -2rroh'x \end{matrix}\right\} s = \left\{\begin{matrix} +rrppyy \\ +2r^3qhh' \\ -r^4hh \\ -r^4h'h' \end{matrix}\right.$$

Et prenant $A = ooxx + rrpp$,
$B = rrohx + roh'x$, & $C = rrppyy$
$+ 2r^3 qhh' - r^4 hh - r^4 h'h'$; on a
pour le finus de la hauteur du Pole

$$s = \frac{B}{A} \pm \frac{1}{A} \sqrt{(BB + AC)}.$$

Ayant la hauteur du Pole, il eft évident qu'on aura les angles horaires par
les Équations $u = \dfrac{rrh - rsx}{cy}$ ou
$u' = \dfrac{rrh' - rsx}{cy}$, & l'heure des obfervations par l'afcenfion droite de l'Aftre.

SCHOLIE.

Si l'Aftre qu'on obferve, changeoit
de déclinaifon dans l'intervalle des obfervations, aflés pour qu'on y dût faire
attention, il faudroit faire à la feconde
hauteur obfervée une correction : c'eft-
à-dire, il faudroit pour h', mettre la
hauteur à laquelle on auroit obfervé
l'Aftre, fi la déclinaifon étoit demeurée
la même.

D iij

Pour trouver cette correction, il faut remonter à l'Équation $u' = \frac{rrh' - rsx}{cy}$, & y chercher la variation de h', pendant que x & y varient d'une quantité donnée, & que r, c, s, & u', demeurent constantes. On a donc $d\left(\frac{rh' - sx}{y}\right) = \frac{ry\,dh' - sy\,dx - rh'\,dy + sx\,dy}{yy} = 0$, ou $dh' = \frac{rs - h'x}{yy}dx$; & dx étant donné par le changement de déclinaison de l'Astre, on a la correction qu'il faut faire à la seconde hauteur observée, afin que l'x & l'y soient les mêmes dans l'Équation, qu'ils étoient au moment de la première observation.

Il est évident que ce Problème contient cet autre.

PROBLEME XXIII.

La hauteur d'un Astre, dont la déclinaison est connue, étant donnée ; & le tems écoulé entre l'observation, & le moment de son coucher : trouver la hauteur du Pole ?

Car alors il n'y a qu'à faire dans l'Équation précédente $h' = 0$, & l'on a

$$\left.\begin{array}{c} oo\,xx \\ rrpp \end{array}\right\} ss - 2\,rroh\,xs = \left\{\begin{array}{c} rrppyy \\ -r^4 h\,h. \end{array}\right.$$

Mais la réfraction horifontale faifant paroître l'Aftre fur l'horifon plus long-tems qu'il n'y eft réellement, ce dernier Problème ne donneroit la hauteur du Pole que peu exactement ; à moins qu'on ne retranchât du tems écoulé, ce que la réfraction apporte de retardement au coucher de l'Aftre. On trouvera ci-deffous (Problème XXXIV.) le moyen de faire cette correction.

D iiij

SCHOLIE.

Notre Analyſe nous conduit à trouver la hauteur du Pole par un calcul beaucoup plus ſimple, ſi l'on veut ajoûter une condition qui ne rend pas l'opération plus difficile. C'eſt de choiſir quelqu'Etoile qui ſoit dans l'Equateur : & ſi elle en eſt ſeulement aſſés voiſine, on aura la hauteur du Pole aſſés exactement pour les uſages maritimes.

PROBLEME XXIV.

DEUX *hauteurs d'un Astre qui est dans l'E'quateur, ou fort près de l'E'quateur, étant données, avec le tems écoulé entre; trouver la hauteur du Pole exactement, ou à peu-près?*

Faisant $x = o$ dans l'Equation du Problème XXII, on a

$$ppss = r^2 pp + 2rqhh' - r^2hh - r^2h'h',$$

ou

$$s = \frac{1}{p} \sqrt{(rrpp + 2rqhh' - rrhh - rrh'h')}.$$

PROBLEME XXV.

D_{EUX} *paſſages d'une Etoile à deux verticaux, étant donnés par les Angles azymuthaux, & par les Angles horaires ; trouver la hauteur du Pole, & la déclinaiſon de l'Etoile ?*

Dans la 3.me formule

$$r n y t + r m c x = m s y u.$$

Mettant pour la tangente de la déclinaiſon de l'Etoile $X = \frac{r x}{y}$; pour la co-tangente du premier angle azymuthal $N = \frac{r n}{m}$: on a

$$c X = s u - N t.$$

Prenant de même N' pour la co-tangente du ſecond angle azymuthal ; & t' & u' pour les ſinus & co-ſinus du ſecond angle horaire, on a les deux Équations

$$c X = s u - N t$$
$$c X = s u' - N' t'.$$

D'où l'on tire

$$su - su' = Nt - N't : \text{ou}$$

$$s = \frac{Nt - N't'}{u - u'}.$$

Et la hauteur du Pole étant ainsi trouvée, on a la déclinaison de l'Etoile par l'Équation

$$X = \frac{su - Nt}{s} = \frac{Nt u' - N't u}{\sqrt{[(ru - ru')^2 - (Nt - N't)^2]}}.$$

PROBLEME XXVI.

LA *hauteur du Pole étant connue ; &*
deux Aſtres, dont les déclinaiſons, & les
aſcenſions droites ſont données, étant vûs
dans un même vertical : trouver l'heure de
l'obſervation !

La 3.me formule

$$r\,n\,y\,t + r\,m\,c\,x = m\,s\,y\,u.$$

Mettant pour $\frac{rx}{y}$, X tangente de la déclinaiſon de l'Aſtre, devient

$$c\,X = s\,u - \frac{r\,n\,t}{m}.$$

Et prenant X' pour la tangente de la
déclinaiſon de l'autre Aſtre ; & t' & u'
pour les ſinus & co-ſinus de ſon angle
horaire : on a pour l'inſtant où les deux
Aſtres paſſent au même vertical,

$$\frac{s\,u - c\,X}{t} = \frac{r\,n}{m} = \frac{s\,u' - c\,X'}{t'}, \text{ ou}$$

$$s\,u'\,t - s\,u\,t' = c\,X'\,t - c\,X\,t'.$$

Ou (prenant *a* pour le finus de l'arc qui répond à la différence d'afcenfion droite des deux Aftres, *b* pour fon cofinus ; ce qui donne $u't - ut' = ra$, & $t' = \frac{bt - a\sqrt{(rr - tt)}}{r}$)

$$rras = rcX't - bcXt + acX\sqrt{(rr - tt)}.$$

Ou (prenant *A* pour $rras$; *B* pour $rcX' - bcX$; & *C* pour acX)

$$t = \frac{AB}{BB + CC} \pm \frac{C}{BB + CC}\sqrt{(rrBB + rrCC - AA)}.$$

Ayant ainfi l'Angle horaire, ou le tems écoulé depuis le paffage d'un des Aftres par le Méridien, la différence de l'afcenfion droite de cet Aftre & du Soleil donne l'heure. Mais voici une maniére beaucoup plus facile de la trouver.

PROBLEME XXVII.

Trouver l'heure de la nuit, indépendamment de la hauteur du Pole, par l'observation de deux Astres dans un même vertical !

Si l'on a deux Astres dont l'ascension droite soit connue, & soit la même, ou à peu-près la même : lorsqu'ils seront dans un même vertical, ils seront au Méridien du lieu de l'observation ; & l'on aura l'heure par la différence entre leur ascension droite & celle du Soleil.

Cette opération se peut faire facilement sur Mer, & n'a besoin d'aucun instrument. Car on ne peut pas appeller un instrument, un fil chargé d'un plomb, qui est tout ce qu'il faut pour la faire.

PROBLEME XXVIII.

CONNOISSANT l'heure à laquelle on voit dans un même vertical deux Astres, dont les déclinaisons, & les ascensions droites sont données ; trouver la hauteur du Pole !

La 3.me formule donne ici, comme dans le Problème XXV,

$$\frac{su - cX}{t} = \frac{rn}{m} = \frac{su' - cX'}{t'}.$$

Et l'heure étant connue, & les ascensions droites des deux Astres, les sinus de leurs angles horaires au moment de l'observation sont donnés : & l'on a pour la tangente de la hauteur du Pole,

$$\frac{rs}{k} = \frac{rX't - rXt'}{u't - ut'}.$$

PROBLEME XXIX.

CONNOISSANT l'heure à laquelle on voit dans un même Almicantarath deux Astres, dont les déclinaisons, & les ascensions droites sont données ; trouver la hauteur du Pole !

La $1.^{re}$ formule donne

$$r\,r\,h = r\,s\,x + c\,y\,u$$
$$\&\ r\,r\,h = r\,s\,x' + c\,y'\,u'.$$

On a donc

$$r\,s\,x - r\,s\,x' = c\,y'\,u' - c\,y\,u.$$

Et l'heure étant connue, & les ascensions droites des deux Astres ; les sinus de leurs angles horaires au moment de l'observation, sont donnés : & l'on a

$$\frac{r\,s}{c} = \frac{y'\,u' - y\,u}{x - x'}.$$

PROBLEME

PROBLEME XXX.

CONNOISSANT les déclinaisons & les ascensions droites de trois Étoiles ; & l'intervalle de tems entre les momens où l'une des trois se trouve dans un même vertical que chacune des deux autres : trouver l'heure, & la hauteur du Pole !

Soient les tangentes des déclinaisons des trois Étoiles X, X', X''. Les sinus & co-sinus des angles horaires de la 1.re & de la 2.de, lorsqu'elles sont dans un même vertical, t, t' ; u, u'. Les sinus & co-sinus des angles horaires de la 1.re & de la 3.me, lorsqu'elles sont dans un même vertical, ϑ, ϑ' ; υ, υ'.

On aura par la 3.me formule

$$\frac{rn}{m} = \frac{su - cX}{t} = \frac{su' - cX'}{t'}$$

$$\frac{rn'}{m'} = \frac{s\upsilon - cX}{\vartheta} = \frac{s\upsilon' - cX''}{\vartheta'} ; \quad \text{ou}$$

$$\frac{s}{c} = \frac{X't - Xt'}{u't - ut'} = \frac{X''\vartheta - X\vartheta'}{\upsilon'\vartheta - \upsilon\vartheta'}$$

Ou (le sinus de la différence d'ascension droite de la 1.re & de la 2.de Etoile étant $= a$, son co-sinus $= b$; & le sinus de la différence d'ascension droite de la 1.re & de la 3.me étant $= \alpha$, & son co-sinus $= \mathsf{C}$)

$$\frac{X't - Xt'}{a} = \frac{X''\vartheta - X\vartheta'}{\alpha} ; \text{ ou}$$

$$a X t' - a X' t = \alpha X \vartheta' - \alpha X'' \vartheta.$$

Ou (à cause de $t' = \dfrac{bt - au}{r}$ & $\vartheta' = \dfrac{\mathsf{C}\vartheta - \alpha v}{r}$)

$$a b X t - a a X u - r a X' t = a \mathsf{C} X \vartheta$$
$$- a \alpha X v - r a X'' \vartheta.$$

Mais t & ϑ étant les sinus des angles horaires de la 1.re Etoile aux momens des deux observations ; & l'intervalle entre ces momens étant donné ; & le sinus de l'arc qui lui répond étant $= p$, & son co-sinus $= q$: l'on a $\vartheta = \dfrac{qt - pu}{r}$ & $v = \dfrac{pt + qu}{r}$. Et mettant ces valeurs de ϑ & de v, dans l'Équation précédente : on trouve pour la co-tangente de l'angle horaire de la 1.re Étoile au moment de la 1.re obſervation,

$$\frac{ru}{t} = r\left(\frac{rabX + a\alpha pX - a\mathfrak{b}qX - rr\alpha X' + r\alpha qX''}{r\alpha\alpha X - a\mathfrak{b}pX - a\alpha qX + r\alpha pX''}\right).$$

Ayant ainſi l'angle horaire de la 1.re Étoile au moment de la premiére obſervation, on a l'heure de cette obſervation : on a auſſi l'angle horaire de la 2.de Étoile au même inſtant par l'Équation

$$t' = \frac{bt - au}{r} :$$

& la hauteur du Pole, en ſubſtituant les valeurs de t & de t' dans l'Équation

$$\frac{s}{c} = \frac{X't - Xt'}{ar} .$$

Coroll. Si l'on prend la 1.re Étoile dans l'Équateur, $X = 0$: & tout le calcul devient beaucoup plus ſimple : car la co-tangente de l'angle horaire de cette Étoile au moment de la premiére obſervation, ſe réduit à

$$\frac{rn}{t} = r\left(\frac{q}{p} - \frac{r\alpha X'}{a p X''}\right).$$

Et l'on trouve beaucoup plus ſimplement la hauteur du Pole.

SCHOLIE.

Ce Problème peut être d'une grande utilité ſur Terre & ſur Mer, parce qu'il n'y a point d'obſervation plus facile ni plus ſûre que celle du paſſage des Aſtres par un vertical, & qu'on évite ici entiérement l'effet de la réfraction qui apporte tant de troubles aux autres obſervations.

PROBLEME XXXI.

Trois hauteurs d'un Aſtre étant données avec les deux intervalles de tems écoulé entre : trouver la déclinaiſon de l'Aſtre ; & la hauteur du Pole !

I. Soient les trois hauteurs $= h, h', h''$.

Les co-ſinus des angles horaires $= u, u', u''$.

Les ſinus des intervalles des tems écoulés $= p, p'$; & leurs co-ſinus $= q, q'$.

Par la 1.re formule, on a

$$r s x = r r h \;\; — c y u$$
$$r s x = r r h' \;\; — c y u'$$
$$r s x = r r h'' — c y u''.$$

D'où l'on tire

$$c y = \frac{r r \,(h — h')}{u — u'} = \frac{r r\, (h — h'')}{u — u''} \,;$$

Ou (faiſant $h — h' = D, \; h — h'' = D'$)

$$D' u — D' u' = D u — D u''.$$

E iij

Mais on a $u' = \dfrac{qu - pt}{r}$, & $u'' = \dfrac{q'u - p't}{r}$; qui étant substitués dans l'Equation précédente, donnent

$$D'ru - D'qu + D'pt = Dru - Dq'u + Dp't.$$

Ou (mettant pour $r - q$, & $r - q'$, les sinus verses des tems écoulés o, o')

$$D'ou + D'pt = Do'u + Dp't.$$

D'où l'on tire pour la tangente de l'Angle horaire de l'Astre au moment de la premiére observation,

$$\frac{rt}{u} = r\left(\frac{Do' - D'o}{D'p - Dp'}\right).$$

Connoissant ce $1.^{er}$ angle horaire; on a le $2.^{d}$ & le $3.^{me}$ en remontant aux Equations $u' = \dfrac{qu - pt}{r}$ & $u'' = \dfrac{q'u - p't}{r}$,

Et l'on a leurs trois co-sinus, u, u', u'', dont deux suffisent pour le reste de la solution du Problème.

Car la $1.^{re}$ formule donnant

$$rrh - rsx = cyu$$
$$rrh' - rsx = cyu'.$$

On a

$$cy = \frac{rr\,(h - h')}{(u - u')}\,; \ \&$$

$$sx = \frac{r\,(h'u - hu')}{(u - u')}.$$

Ou (faisant $u - u' = \Delta$, $\& \ h'u - hu' = rA$)

$$cy = \frac{rr\,D}{\Delta}\,, \ \&$$

$$sx = \frac{rr\,A}{\Delta}\,; \ \text{ou}$$

$$(rr - xx)\,cc = \frac{r^4\,DD}{\Delta\Delta}\,, \ \&$$

$$rrxx - ccxx = \frac{r^4\,AA}{\Delta\Delta}.$$

Et chaffant cc de ces Équations, on a

$$\Delta\Delta\,x^4 + \begin{cases} -rr\,\Delta\Delta \\ -rr\,AA \\ +rr\,DD \end{cases} xx + r^4\,AA = 0.$$

Ou (faisant $\Delta\Delta + AA - DD = BB$)

$$xx = \frac{rr\,BB}{2\,\Delta\Delta} \pm \frac{rr}{2\,\Delta\Delta}\,\surd(B^4 - 4\,AA\,\Delta\Delta).$$

On a ainfi la déclinaifon de l'Aftre.

E iiij

2. Ayant la déclinaison de l'Astre; il est facile d'avoir la hauteur du Pole. Car il est évident que dans les deux Equations $cy = \dfrac{rrD}{\Delta}$, & $sx = \dfrac{rrA}{\Delta}$, les sinus & les co-sinus de la déclinaison de l'Astre, & de la hauteur du Pole, se trouvant combinés de la même maniére; on trouvera pour le sinus de la hauteur du Pole, la même expression qu'on vient de trouver pour le sinus de la déclinaison de l'Astre

$$ss = \dfrac{rrBB}{2\Delta\Delta} \mp \dfrac{rr}{2\Delta\Delta} \sqrt{(B^4 - 4\,AA\Delta\Delta)}.$$

Equivoque attaché à la nature de ce Problème. Si l'on veut donc s'en servir, il faudra choisir quelqu'Astre dont la déclinaison differe assés de la hauteur du Pole, pour que l'une ne puisse pas être prise pour l'autre.

SCHOLIE.

C'est ce fameux Problème auquel les Géomètres & les Astronomes de l'Académie de Russie se sont tant appliqués, & dont ils ont donné plusieurs belles solutions.

Je crois cependant ce Problème plus curieux qu'utile ; car sur la Terre on a trop d'autres moyens de trouver la déclinaison des Etoiles & la hauteur du Pole, pour avoir recours à celui-ci. Sur la Mer, dès qu'on connoît l'Etoile qu'on observe, on a par les catalogues d'Etoiles la déclinaison avec plus de précision qu'il n'est nécessaire, pour la Latitude Nautique. Et si l'on vouloit se servir d'une Etoile qu'on ne connût pas, ou observer entre des nuages une Etoile qu'on croiroit être la même que celle qu'on auroit observée aux premiéres hauteurs, on seroit exposé à des méprises bien dangereuses.

PROBLEME XXXII.

L'OBLIQUITÉ de l'Écliptique, & la durée du plus long ou du plus court jour dans quelque lieu, étant données : trouver la hauteur du Pole, en négligeant la réfraction, & la parallaxe !

La 1.re formule, lorsque le jour commence ou finit, que $h = 0$, donne

$$\frac{s}{c} = \frac{yu}{rx},$$

Ou (prenant S pour la tangente de la hauteur du Pole, & Y pour la co-tangente de la plus grande déclinaison du Soleil) on a

$$S = \frac{uY}{r},$$

PROBLEME XXXIII.

L'OBLIQUITÉ de l'Écliptique, & la hauteur du Pole, étant données : trouver la durée du plus long ou du plus court jour, s'il n'y avoit point de réfraction, ni de parallaxe !

L'on a par la $1.^{re}$ formule

$$u = \frac{rsx}{cy},$$

Ou (prenant comme dans le Problème précédent S pour la tangente de la hauteur du Pole, & X pour la tangente de la plus grande déclinaison du Soleil)

$$u = \frac{SX}{r}.$$

SCHOLIE.

C'est ainsi, ou du moins dans ces circonstances, que les Anciens déterminoient la hauteur du Pole. Et Ptolémée qui nous a laissé les hauteurs du Pole pour un grand nombre de Villes, préféroit cette méthode à toutes les autres.

Ils ignoroient les effets de la Réfraction & de la Parallaxe, & choisissoient le jour du Solstice, parce que dans ce jour le Soleil ne changeant pas sensiblement en déclinaison, le Problème est plus facile à résoudre.

Cependant l'ignorance où ils étoient sur la Réfraction & la Parallaxe, leur peu d'exactitude sur l'obliquité de l'Ecliptique & sur la mesure du tems, rendoient toutes leurs Latitudes défectueuses.

Dans les Problèmes suivans, non seulement je corrige les erreurs que causent la Réfraction & la Parallaxe, mais encore je délivre le Problème de la restriction au jour du Solstice.

Enfin je le délivre même de la condition de Stabilité pour l'Observateur; & j'apprends à le résoudre sur la Mer, quel que soit le jour de l'année, & quelle que soit la route du Navigateur.

PROBLEME XXXIV.

L'obliquité de l'Ecliptique, la durée du jour solsticial, & la réfraction horisontale & la parallaxe, étant données : trouver l'altération causée à la durée du jour par la réfraction & la parallaxe ?

Dans la 1.re formule

$$r s h - r r h = c y u,$$

Prenant la petite variation, en faisant s & x constans ; & observant que h croissant, u diminue ; l'on a

$$r r d h = c y d u.$$

Ou (substituant le petit arc de l'Equateur $d E = \frac{r\, d u}{t}$)

$$r r d H = \frac{c y t}{r} d E,$$

ou (à cause de $c = \frac{r r x}{\sqrt{(r r x x + y y u u)}}$)

$$d E = \frac{r \sqrt{(r r x x + y y u u)}}{x y t} d H.$$

Scholie.

Ayant ainsi le petit arc de l'Équateur qui répond à la quantité dont la réfraction, moins la parallaxe, allonge le jour solsticial : réduisant cet arc en tems, & le retranchant de la durée observée ; l'on a la durée telle qu'elle seroit sans la réfraction & la parallaxe ; & corrigeant ainsi la durée du jour solsticial, on a la hauteur du Pole par le Problème XXXII.

PROBLEME XXXV.

L'OBLIQUITÉ de l'Écliptique, & la durée du jour solsticial, étant données : trouver l'erreur que la réfraction & la parallaxe causent sur la hauteur du Pole !

Ce Problème se réduit à chercher la différence en Latitude de deux Observateurs, pour lesquels la durée du jour solsticial seroit la même, mais dont l'un verroit le Soleil comme on le voit, ses rayons brisés par l'Atmosphere, & l'autre le verroit sans réfraction.

Je prends donc la petite variation de la $1.^{re}$ formule

$$r s x - r r h = c y u,$$

en supposant r, x, & u, constans ; & j'ai

$$r r d h - r x d s + y u d c = 0.$$

Ou (substituant les petits arcs du Méridien $dL = \frac{r d s}{c} = \frac{-r d c}{s}$ pour ds & dc, & dH pour dh)

$$r^3 dH - r c x d L - s y u d L = 0.$$

Ou (à cause qu'à l'horison l'on a rxs

$= cyu$, & que $c = \dfrac{rrx}{\sqrt{(rrxx + yyuu)}}$)

$$r^3 dH - \frac{rccxdL - rssxdL}{c} = 0, \text{ ou}$$

$$dL = \frac{c}{x}\, dH, \quad \text{ou}$$

$$dL = \frac{rr}{\sqrt{(rrxx + yyuu)}}\, dH.$$

SCHOLIE.

Ce qu'on suppose ici, que $rxs = cyu$, n'approche de la vérité qu'autant que les sinus de la déclinaison du Soleil, de la hauteur du Pole, & de son complément, sont beaucoup plus grands que la réfraction horisontale. Si donc on veut chasser c & s de l'Equation précédente, ou des Equations suivantes, lorsque s, c, ou x, sont petits, il faut recourir à l'Equation entiére de la 1.re formule

$$rsx - rrh = cyu,$$

& y prendre les valeurs de c, ou de s, qu'on veut substituer.

PROBLEME

PROBLEME XXXVI.

L'OBLIQUITÉ de l'Écliptique, la durée du jour solsticial, & la hauteur du Pole, étant données : trouver la différence de la réfraction horisontale & de la parallaxe ?

Par le Problème XXXIII. on a la durée du jour solsticial tel qu'il seroit sans réfraction & sans parallaxe.

Par l'observation, l'on a la durée de ce même jour, telle qu'elle est, augmentée par la différence de la réfraction & de la parallaxe.

La différence de ces deux durées donne dE.

Et l'on a par le Problème XXXIV. pour la réfraction horisontale, moins la parallaxe,

$$dH = \frac{xyt}{r\sqrt{(rrxx + yyuu)}}\, dE.$$

F

PROBLEME XXXVII.

LA durée du jour étant donnée ; la déclinaison du Soleil, & son changement en déclinaison : trouver l'altération causée à la durée du jour par ce changement !

Prenant la petite variation dans la 1.re formule, $rsx - rrh = cyu$: lorsque $h = o$, & que s est constant ; on a
$$rsdx = cudy + cydu.$$
Ou (substituant le petit arc du Méridien $dD = \frac{rdx}{y} = - \frac{rdy}{x}$, & le petit arc de l'Équateur $dE = \frac{rdu}{t}$, & pour s, sa valeur prise dans l'Équation $rsx = cyu$)
$$dE = \frac{rru}{xyt} dD.$$

PROBLEME XXXVIII.

TROUVER sur Mer la hauteur du Pole par la durée du jour !

Je cherche d'abord toutes les altérations que caufent à la durée du jour, la réfraction & la parallaxe ; le changement du Soleil en déclinaifon ; & le changement de lieu du Vaiffeau.

Prenant la 1.re formule

$$r s x - r r h = c y u ;$$

j'y fais tout varier ; & j'ai

$$r x d s + r s d x - r r d h = y u d c + c u d y + c y d u.$$

Ou (mettant pour la différence du finus de déclinaifon le petit arc $dD = \frac{r d x}{y} - \frac{r d y}{x}$; pour la différence du finus de la hauteur du Pole, le petit arc du Méridien $dL = \frac{r d s}{c} - \frac{r d c}{s}$;

pour la différence du finus de l'angle
horaire, le petit arc de l'Équateur dE
$= \frac{r\,du}{t}$; laiffant dH pour le petit arc
du vertical, dont la réfraction moins la
parallaxe élève le Soleil à l'horifon ; &
nommant dF le petit arc de l'Équateur
qui répond au chemin du vaiffeau en
longitude) on aura pour le petit arc de
l'Équateur qui répond au tems de toutes
les altérations,

$$dE = \frac{r^3}{cyt}\,dH \pm \frac{rru}{xyt}\,dD \pm \frac{r^3 x}{ccyt}\,dL \pm dF.$$

Ou (mettant pour $\frac{rx}{y}$ la tangente X
de la déclinaifon du Soleil, & pour $\frac{ru}{t}$
la co-tangente V de l'angle horaire)

$$dE = \frac{r^3}{cyt}\,dH \pm \frac{rV}{xy}\,dD \pm \frac{rrX}{cct}\,dL \pm dF.$$

Faifant à la durée du jour obfervée,
toutes ces corrections ; on a la durée,

telle qu'elle feroit, s'il n'y avoit ni réfraction, ni parallaxe ; ni changement du Soleil en déclinaifon ; ni changement de lieu du Vaiffeau.

Et l'on a par la $1.^{re}$ formule $rsx = cyu$, pour la tangente de la hauteur du Pole, $\dfrac{rs}{c} = \dfrac{yu}{r}$.

SCHOLIE.

Dans cette expreffion les fignes des altérations caufées par le changement de déclinaifon du Soleil, le changement de lieu du Vaiffeau en latitude, & fon changement en longitude, font ambigus : parce que chacune de ces trois altérations peut allonger ou accourcir la durée du jour. Il n'y a que l'altération caufée par la différence de la réfraction & de la parallaxe, qui l'allonge toûjours.

J'ai laiffé, dans cette expreffion des altérations, le co-finus de la hauteur du

Pole, qui est ce qu'on cherche. On pourroit le faire disparoître, en prenant sa valeur dans la 1.re formule ; mais comme le calcul deviendroit fort compliqué, & qu'il n'est pas ici question d'une exactitude trop scrupuleuse, il vaut mieux prendre d'abord la hauteur du Pole grossiérement déterminée, telle que la 1.re formule la donne, en la concluant par la durée du jour, sans y faire aucune correction ; & s'en servir pour chasser c de l'expression des altérations.

Quant aux quantités dH, dD, dL, dF ; il est évident que dH est la quantité de la réfraction diminuée de la Parallaxe : que dD est la quantité dont la déclinaison du Soleil a changé depuis son lever, qui est donnée dans les Tables : que dL est la quantité dont le Vaisseau s'est élevé ou abaissé en latitude pendant la durée du jour, qui est donnée par la route du Vaisseau : qu'enfin dF, différence en longitude, est aussi donnée par la route, en supposant qu'on connoisse la latitude à peu-près.

Cette méthode, malgré tout ce que j'ai fait pour la rendre universelle, a encore quelques restrictions à quoi la nature de la chose la borne.

On voit, par exemple, qu'au tems où le Soleil est dans l'Équateur, la durée du jour étant la même par toute la Terre, on ne sçauroit connoître par elle la hauteur du Pole.

On voit encore que si les altérations causées à la durée du jour par quelques-unes des causes que nous avons expliquées, étoient trop grandes, la méthode seroit défectueuse, parce qu'elle suppose que ces altérations sont fort petites par rapport aux quantités qui entrent dans le calcul.

Il y a une remarque à faire, qui peut

F iiij

faciliter cette méthode de trouver la hauteur du Pole, fans lui faire perdre beaucoup de fa précifion. C'eft que négligeant les petites différences des grandeurs apparentes du diamètre du Soleil, on peut affés exactement ftatuer fon diamètre égal à la quantité dont la réfraction élève les Aftres à l'horifon.

En forte qu'au lever du Soleil, lorfqu'on obferve fon bord inférieur toucher l'horifon, fon bord fupérieur ne fait réellement que l'atteindre ; & fi l'on ajoûte à l'heure de l'émerfion apparente du bord inférieur, la moitié du tems que le Soleil emploie à s'élever de tout fon Difque, on aura le moment de l'émerfion du centre. De même au coucher du Soleil, l'inftant où le bord fupérieur du Soleil paroît dans l'horifon, peut être pris pour l'inftant où le bord inférieur s'y trouve réellement. Si donc on fouftrait de l'heure de l'immerfion apparente du bord fupérieur, la moitié du tems que le Soleil emploie à cacher entiérement fon Difque, on aura le moment de l'immerfion du centre.

Cette pratique peut difpenfer de la correction que nous avons donnée pour la réfraction. Et c'eft une chofe affés heureufe pour le Navigateur, que la grandeur du Difque du Soleil foit une mefure de la réfraction, & qu'elle puiffe lui fervir à en éviter les effets.

PROBLÈME XXXIX.

Connoissant la déclinaison & l'ascension droite de deux Astres, & le tems écoulé entre leur lever ou leur coucher : trouver la hauteur du Pole ?

Puisqu'on observe les deux Astres dans l'horison, l'on a par la $1.^{re}$ formule
$$r s x = c y u, \ \& \ r s x' = c y' u'.$$

Ou (mettant pour $\frac{r x}{y}$ & $\frac{r x'}{y'}$ les tangentes X & X' des déclinaisons des deux Astres) on a
$$s X = c u, \ \& \ s X' = c u' ;$$
D'où l'on tire
$$\frac{s}{c} = \frac{u}{X} = \frac{u'}{X'}, \ \text{ou} \ \frac{u'}{u} = \frac{X'}{X}.$$

Or puisque l'ascension droite des deux Astres est donnée ; & la différence des tems de leur immersion dans l'horison, ou de leur émersion : on a la différence de leurs angles horaires qui conviennent à ces momens : & soit le sinus de l'angle, qui est cette différence $= p$, & son cosinus $= q$. Et l'on aura (à cause de

$$u' = \frac{qu - p\sqrt{(rr - uu)}}{r})$$

$$\frac{u'}{u} = \frac{qu - p\sqrt{(rr - uu)}}{ru} = \frac{X'}{X}.$$

D'où l'on tire

$$uu = \frac{rrpp\,XX}{rr\,XX + rr\,X'X' - 2\,rq\,XX'}, \quad \&$$

$$\frac{rs}{c} = \frac{ru}{X} = \frac{rp}{\sqrt{(rr\,XX + rr\,X'X' - 2\,rq\,XX')}}.$$

Jusqu'ici nous n'avons point eu d'égard à la réfraction, ni à la parallaxe. Pour en corriger l'effet, il faut chercher combien elles accélerent l'apparition, ou retardent la disparition de chaque Astre.

Pour cela, je prends la petite variation de la 1.re formule, en supposant s & x constans : & j'ai

$$rr\,dh = cy\,du, \quad \& \quad rr\,dh' = cy'\,du'.$$

Ou (substituant les petits arcs de l'Équateur $dE = \frac{rdu}{t}$, $dE' = \frac{rdu'}{t'}$)

$$dE = \frac{r^3 dH}{cyt}, \quad dE' = \frac{r^3 dH'}{cy't'}.$$

Ou (à cause de $c = \frac{rrx}{\sqrt{(rrxx + yyuu)}}$)

$$dE = \frac{r\sqrt{(rrxx + yyuu)}}{xyt} dH, \quad \&$$

$$dE' = \frac{r\sqrt{(rrxx + yyuu)}}{xy't'} dH'.$$

Ces deux quantités, réduites en tems,
font les corrections qu'il faut faire au
tems écoulé entre les apparitions & les
disparitions des deux Astres, pour avoir
l'intervalle écoulé entre leurs véritables
émersions ou immersions dans l'horison :
& c'est de cet intervalle ainsi corrigé,
réduit en arc de l'Equateur, que p & q
doivent être les sinus & co-sinus.

SCHOLIE.

Il est évident que ce Problème en
contient un autre, que quelques Astronomes ont proposé comme pouvant être
fort utile sur Mer. Celui-là consiste à
Trouver la hauteur du Pole par l'observation

de deux Etoiles, dont les déclinaisons &
les ascensions droites soient connues, & qui
se trouvent au même instant dans l'horison.
Mais ce Problème ne sçauroit être d'aucune utilité ni sur Mer, ni sur Terre,
parce que cette condition, que les deux
Etoiles se lèvent ou se couchent en
même tems, restreint pour chaque latitude le Problème à un fort petit nombre
d'Etoiles, & qu'on ne peut d'ordinaire
voir dans l'horison les Etoiles, même
les plus brillantes.

J'ai étendu ce Problème, en l'affran-
chissant de la condition du lever & du
coucher simultané ; & comme alors on
peut choisir tels Astres qu'on voudra,
on aura une méthode fort facile pour
trouver la hauteur du Pole sur Mer par
les observations du Soleil, de la Lune, de
Vénus, ou de Jupiter dans l'horison.

Méthode pour trouver la déclinaison des Etoiles, & la hauteur du Pole, indépendamment l'une de l'autre, & sans se servir d'aucun angle mesuré par des arcs de Cercle.

CETTE méthode, l'une des plus belles & des plus utiles de l'Astronomie, puisque les déclinaisons des Etoiles servent de base à cette science, est dûe à M. Mayer, à qui l'Astronomie doit plusieurs autres excellentes choses. On peut dire cependant qu'il l'a plûtôt indiquée que donnée. Elle est compliquée ; mais elle est si belle & si utile, que je me suis appliqué à la déduire de mes Formules, d'où elle découle fort naturellement. La voici.

PROBLEME XL.

Les passages de deux E'toiles par le Méridien, par deux Verticaux, & par deux Almicantaraths inconnus, mais constans, étant donnés : trouver la déclinaison de ces E'toiles, & la hauteur du Pole !

Soient les sinus & les co-sinus des déclinaisons des deux Etoiles x, y, & x', y'. Les co-sinus des angles horaires, lorsqu'elles passent au 1.er Almicantarath v & v' ; & les co-sinus lorsqu'elles passent au 2^d, v'' & v'''.

La 1.re formule donne pour le passage au 1.er Almicantarath

$$r r h - r s x = c y v$$
$$r r h - r s x' = c y' v', \quad \text{ou}$$
$$\frac{s}{c} = \frac{y' v' - y v}{r x - r x'},$$

Pour le passage au 2.^{d} Almicantarath
$$\frac{s}{c} = \frac{y' v''' - y v''}{r x - r x'},$$

On a donc

$$\frac{y'}{y} = \frac{v - v''}{v' - v'''}.$$

Nommant t, t', & u, u', les sinus & co-sinus des angles horaires des Étoiles, lorsqu'elles passent au 1.er vertical : & t'', t''', & u'', u''', les sinus & co-sinus, lorsqu'elles passent au 2.d ;

La 3.me formule donne pour le passage au 1.er vertical

$$\frac{n}{m} = \frac{syu - rcx}{ryt}$$

$$\frac{n}{m} = \frac{sy'u' - rcx'}{ry't'}.$$

Ou $syy't'u - rcxy't' = syy'tu' - rcx'yt,$

ou $\dfrac{s}{c} = \dfrac{xxy't - rx'yt}{yy't'u - yy'tu'}.$

Pour le passage au 2.d vertical

$$\frac{s}{c} = \frac{rxy't'' - rx'yt''}{yy't'''u'' - yy't''u'''}.$$

On a donc

$$\frac{xy't - x'yt}{t'u - tu'} = \frac{xy't''' - x'yt^{v}}{t''u'' - t'u'''}.$$

Ou (nommant a le sinus de la différence des

des arcs horaires terminés par les finus
t & t' : & a' le finus de la différence
des arcs terminés par les finus t'' & t''';
ce qui donne $ar = t'u - tu'$, & $a'r = t'''u'' - t''u'''$; on a

$$a'xyt' - a'x'yt = axy't''' - ax'yt'',$$

$$\&\ \frac{xy}{xy'} = \frac{at''' - dt'}{at'' - dt},$$

$$\text{ou}\ \frac{x'}{x} = \frac{y'}{y} \times \frac{at''' - dt'}{at'' - dt}.$$

Ou (mettant pour $\frac{y'}{y}$ fa valeur $\frac{v - v''}{v' - v'''}$
prife dans l'Equation des paffages aux
Almicantaraths)

$$\frac{x'}{x} = \frac{v - v''}{v' - v'''} \times \frac{at''' - dt'}{at'' - dt}.$$

L'Equation des paffages aux Almicantaraths donne

$$y'y' = \left(\frac{v - v''}{v' - v''}\right)^2 yy = \frac{(v - v'')^2}{(v' - v''')^2} (rr - xx).$$

Celle des paffages aux verticaux, donne

$$x'x' = \left(\frac{v - v''}{v' - v'''}\right)^2 \times \left(\frac{at''' - dt'}{at'' - dt}\right)^2 xx.$$

On a donc

$$\frac{(v-v'')^2\, rr}{(v'-v''')^2} - \frac{(v-v'')^2\, xx}{(v'-v''')^2} +$$

$$\frac{(v-v'')^2 \times (a t''-dt)^2\, xx}{(v'-v''')^2\, (a t''-dt)^2} = rr, \quad \text{ou}$$

$$x = \frac{r\,(a t''-dt)\,\sqrt{[(v'-v''')^2-(v-v'')^2]}}{(v-v'') \times \sqrt{[(a t''-dt)^2-(a t''-dt)^2]}},$$

Ayant ainsi la déclinaison d'une des Etoiles, on trouve facilement la déclinaison de l'autre ; & l'on a la hauteur du Pole par l'Equation

$$\frac{s}{c} = \frac{y'v'-yv}{rx-rx}.$$

F I N.